세계 평화를 꿈꾼
민족의 영웅

역사 공부가 되는 위인전 09 안중근
세계 평화를 꿈꾼 민족의 영웅

초판 1쇄 발행|2009년 5월 29일
초판 4쇄 발행|2010년 6월 8일

글쓴이|김진
그린이|원유미

펴낸곳|해와나무
펴낸이|박선희
편  집|방일권, 이경희, 김소라
디자인|윤선화
마케팅|이영남, 김태열
제작 관리|이정원

출판 등록|2004년 2월 14일 제 312-2004-000006호
주소|서울특별시 서대문구 충정로3가 466번지 유앤미A 상가 2층
전화|(02)362-0938/7675
팩스|(02)312-7675

책값은 뒤표지에 표시되어 있습니다.
ISBN 978-89-6268-023-2 74910
     978-89-91146-01-3(세트)

ⓒ 2009 김진
이 책의 저작권은 저자에게 있습니다. 책 내용의 일부 또는 전부를 인용하거나
발췌하려면 반드시 저작권자와 출판사 양측의 서면 동의를 구해야 합니다.

*해와나무 도서 판매 수익금의 일부는 한우리봉사단과 아름다운재단 등에 기부되어
 소외 아동과 청소년을 위해 사용됩니다.

# 세계 평화를 꿈꾼
# 민족의 영웅

글 김진 | 그림 원유미

## 평화를 위해 몸 바친 큰사람 안중근

위인은 큰사람, 큰일을 해낸 사람이라는 뜻입니다. 큰일이란 개인만이 아닌 국가나 민족에 큰 도움이 되는 일, 혹은 인류를 위한 훌륭한 일을 말하지요.

우리는 안중근 의사를 위인이라고 부르는 데 주저하지 않습니다. 그는 일본이 우리나라를 강제로 집어삼키려는 흉계를 꾸미자, 그 흉계를 꾸민 우두머리인 이토 히로부미를 처단했습니다. 그리고 자신은 그 자리에서 붙잡혀 결국 사형을 당하고 말았습니다.

그런데, 안중근 의사는 단순히 민족과 나라를 위해서만 그 일을 한 것이 아니었습니다. 안중근 의사가 이토 히로부미를 처단하기로 마음먹은 이유 중에는 '동양 평화를 깨뜨린 죄'가 있었습니다.

'동양의 평화'. 이 말에서 보듯 안중근은 우리나라뿐만 아니라 이웃 나라들이 평화롭게 사는 세상을 꿈꾸었습니다. 안중근 의사가 감옥에서 쓴 《동양 평화론》을 읽으면, 이웃의 평화를 깨뜨리고 서로 침략하고 싸우는 당시 정세에 대해 통탄해하고 있었다는 것을 알 수 있습니다.

이 책을 쓰기 위해 안중근 의사가 남긴 자서전을 읽었습니다. 그가 옥중에서 남긴 이 자서전은 안중근 의사의 인간적 면모를 느끼기에는 뭔가 좀 아쉬운 점이 있었습니다. 가령 독립운동을 하기 위해 아는 사람의 돈을 빼앗았다는 말도 나오고, 이토 히로부미를 처단하기 위해 함께 행동한 동료들보다 자신의 공을 내세운 듯한 내용도 나옵니다. 처음에는 이 부분이 이해가 되지 않았습니다. 그러나 나중에 공판 기록을 읽으면서, 안중근 의사의 속뜻을 헤아리게 되었지요.

안중근 의사가 자서전을 쓸 때는 옥중에서 사형을 기다리고 있을 때였습니다. 때문에 일본 재판관들이 자서전을 읽을 수 있으리라는 건 쉽게 상상이 가는 일입니다. 그러므로 안중근 의사는 자신을 도와주거나 함께 거사를 실행한 동지들을 보호하기 위해 그렇게 기술한 것으로 생각됩니다.

올해는 안중근 의사가 의거한 지 100년이 되는 해입니다. 아직도 세상 어디에서는 전쟁이 일어나고, 이웃 민족끼리 죽고 죽이는 싸움이 그치지 않고 있습니다. 100년 전 동양과 세계 평화를 외치던 안중근 의사의 정신이 그래서 더욱 소중하게 느껴집니다.

2009년 햇빛 찬란한 봄날

김진

차 례

| | |
|---|---|
| 하얼빈의 총소리 | 9 |
| 공부보다는 사냥을 즐기다 | 32 |
| 동학 농민 운동의 소용돌이 속에서 | 47 |
| 불의를 보면 참지 못하는 청년 | 66 |
| 학교를 세워 인재 양성 | 82 |
| 독립군이 되어 일본군과 싸우다 | 104 |
| 단지 동맹, 그리고 거사를 실행하다 | 125 |
| 의연한 죽음 | 140 |

### 책 속의 책 펼쳐라! 생각그물

**역사 박사 첫걸음** 개화기, 격동의 한반도

**역사 지식 꼼꼼 보기** 갑오개혁과 근대화

**역사 발자취 따라가기** 안중근 의사 기념관

**역사 지식 돋보기** 독립을 위해 몸 바친 사람들

**속닥속닥 천기누설** 안중근에 얽힌 이야기

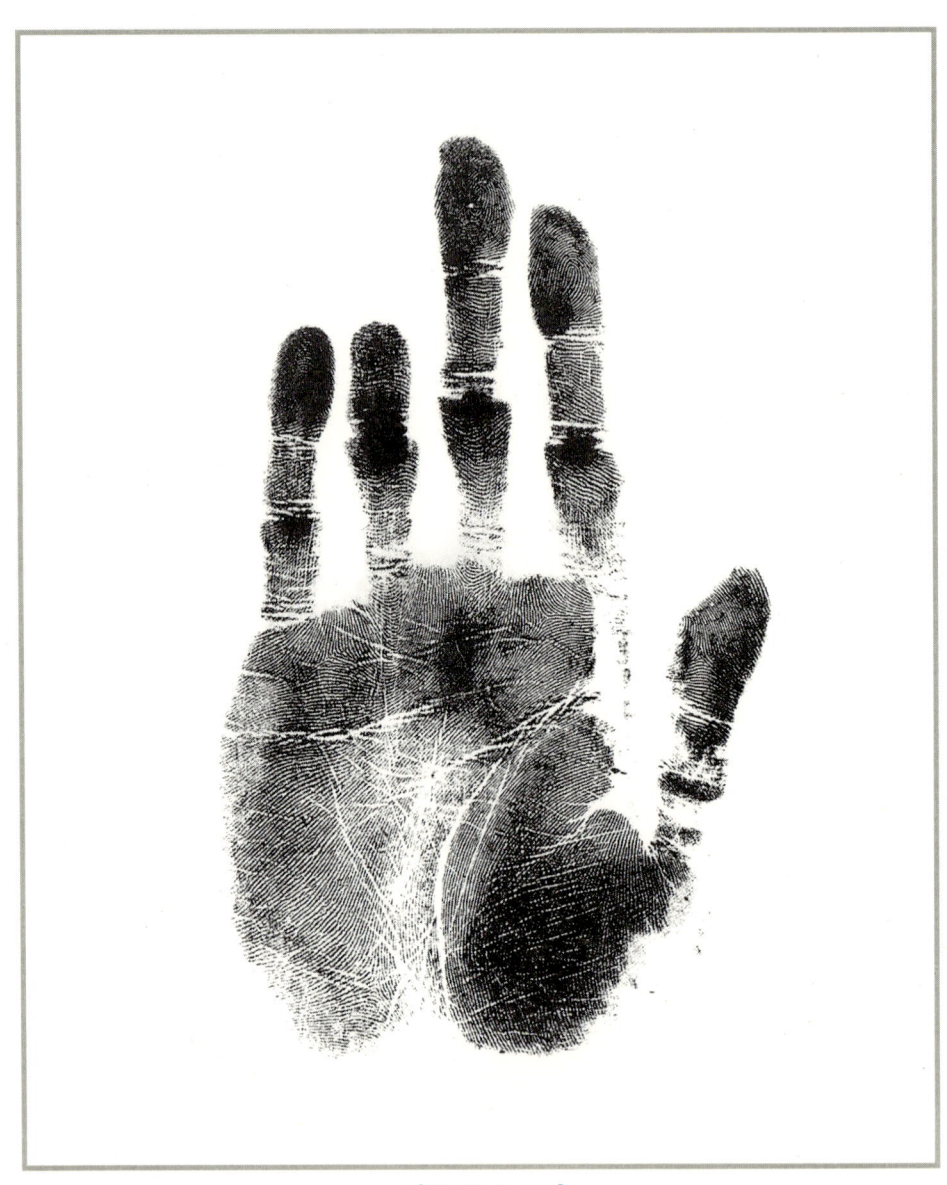

안중근 손도장

# 하얼빈의 총소리

### 블라디보스토크에 퍼진 소문

1909년 10월 19일, 안중근은 러시아 엔치야에서 블라디보스토크로 향하는 배에 올랐다.

가슴이 뛰었다. 조국을 떠난 지 2년, 이제야 뜻한 바를 이룰 기회가 온 것이다.

그간 일제의 침략에 항거해 북간도까지 와서 의병 활동을 하며 죽을 고비도 넘기고, 11명의 동지들과 *단지 동맹을 맺어 나라를 위하여 목숨을 바칠 각오도 했다. 북간도와 러시아 엔치

*단지 동맹 : 손가락을 절단해 뜻을 굳게 모으는 일.

야, 블라디보스토크 등지를 다니며 동포들의 교육에 힘쓰고, 사람들의 마음을 모으는 데 온 힘을 기울였다.

그러나 의병 활동은 점점 쇠진해 갔고, 조국으로 돌아가 정세를 살피고자 했지만 비용을 마련하지 못해 뜻을 이루지 못했다.

안중근은 마음의 갈피를 잡지 못했다. 지난 2년 동안 허송세월했다는 생각을 떨칠 수 없었다. 게다가 엔치야의 가을은 고향 해주의 겨울을 떠올리게 했다. 고향에 두고 온 가족들에 대한 그리움이 절실했다.

"난 아무래도 블라디보스토크에 가야겠소."

안중근은 동지들을 만날 때마다 이렇게 말했다.

"무슨 일이오? 왜 갑자기 그곳에 가겠다는 거요?"

"나도 잘 모르겠소. 그냥 마음이 답답해 여기를 떠나고 싶을 뿐이오."

안중근의 태도에 동지들은 걱정스럽게 물었다.

"이제 가면 언제 돌아올 생각이오?"

"다시 안 돌아오겠소."

안중근은 무심하게 대답했다.

그러던 중, 안중근은 블라디보스토크에 있는 *〈대동공보〉 편집 책임자인 이강으로부터 전보 한 통을 받았던 것이다.

*〈대동공보〉: 1908년 6월 러시아 교민 단체가 발행한 신문. 자주독립과 국권 회복을 취지로 발간되어 연해주 지방 독립운동의 구심적 역할을 하였다.

'속히 오기 바람.'

전보를 받은 안중근은 정신이 번쩍 났다.

무언가 중요한 일이 생긴 게 틀림없었다. 안중근은 새로운 힘이 솟는 것 같았다.

블라디보스토크에 도착하자 이토 히로부미가 온다는 소문이 자자했다. 애국심이 넘치는 한인 청년들은 삼삼오오 모여 웅성거렸다.

"지금이야말로 이토를 처단할 절호의 기회야!"

한 남자가 외쳤다.

"이토는 내가 처단한다."

다른 사람이 목소리를 높였다.

안중근이 나타나자 사람들은 "이토가 오기 때문에 이곳으로 왔느냐?"고 묻기도 했다.

안중근은 귀를 의심했다.

'이토 히로부미가 이곳에 온다고?'

안중근은 가슴이 두근거렸다.

이토 히로부미가 누구가. 일본의 총리대신을 지내면서 1895년 고종의 비인 명성 황후 시해를 주도하고, 1905년 강제로 을사늑약을 맺어 조선의 외교권을 박탈하고, 조선의 초대 통감으로 부임해 국권을 강탈한 인물이 아닌가. 뿐만 아니다. 1907년 7월, 고종을 강제 퇴위시키기도 한 장본인이었다. 을사늑약이 부당하다는 걸 폭로하기 위해 고종이 헤이그에서 열리는 만국 평화 회의에 특사를 보냈는데, 그것을 빌미 삼은 것이었다.

하지만 안중근이 그것보다 더 중요하게 생각한 것은 바로 동양의 평화였다. 이토 히로부미가 전쟁을 일으켜 동양의 평화를 깼다는 데 더 분개하고 있었다.

'몇 년 동안 그렇게도 바라던 일을 이제야 이룰 수 있게 되다니! 늙은 도둑이 내 손에서 끝나는구나!'

안중근은 주먹을 불끈 쥐었다.

안중근은 곧장 〈대동공보〉 사무실을 찾아갔다.

"이토 히로부미가 온다는 게 사실입니까?"

사무실로 들어선 안중근이 흥분하며 물었다.

"안 동지, 이걸 보시오."

〈대동공보〉의 편집 책임을 맡고 있는 이강이 신문을 내밀었다. *하얼빈에서 발간되고 있는 〈원동보〉였다. 신문에는 이토 히로부미가 만주를 시찰한다는 제목이 커다랗게 쓰여 있었다. 만주 개발에 대한 논의를 위해 러시아의 재정 대신 코코프체프와 회담을 하려고 하얼빈에서 만난다는 것이었다.

*하얼빈 : 중국 흑룡강성에 있는 도시. 한적한 농촌 마을이었던 하얼빈은 19세기 말, 러시아의 철도 기지가 들어선 후 상업과 교통의 중심지가 되었다.

"어떻게 할 거요, 안 형?"

이강이 물었다.

"어떻게 하다니요! 당장 처단해야지! 하늘이 준 기회를 놓칠 순 없소!"

안중근은 이토 히로부미를 처단하고 일본의 한국 침략을 전 세계에 폭로할 것을 결심했다.

**이토 히로부미는 어떤 인물인가?**

이토 히로부미(1841~1909)는 어려운 농민 집안에서 태어났으나 아버지가 무사 집안의 양자가 되면서 하급 무사의 신분을 얻었다.
"외국과 정말로 싸우고 싶으면 나라를 개방하고, 해군을 키워야 한다."는 사쿠마 쇼잔이라는 정치가의 영향을 받아 영국 유학을 떠난 이토는 일본으로 돌아와 일본 정치 개혁에 큰 공헌을 했다.
영어를 잘하는 것을 인정받아 일본 내각의 총리대신, 추밀원 의장, 통감부 초대 통감, 귀족원 의장 등을 지냈고, 일본 제국 헌법의 기초를 마련했다.
일본인의 시각에서 이토 히로부미는 일본 근대화에 기여한 중요한 인물이지만, 아시아와 한국인들 입장에서 보면 그는 침략자로, 아시아와 조선 침략을 주도한 인물이다.
1905년 을사늑약 체결 후 일본은 한국에 통감부를 설치하고 실질적인 지배권을 행사했는데, 그때 초대 통감이 바로 이토 히로부미이다. 1907년에는 헤이그 특사 사건을 빌미로 고종을 강제 퇴위시킨다. 그의 이런 정책은 조선 사람들에게 큰 반감을 불러일으켰다.
1909년 이토 히로부미는 통감직을 사임하고 추밀원 의장으로 복귀했다. 그리고 1909년 10월 26일에 만주 순방 중 하얼빈 역에서 안중근의 총격을 받고 사망했다.

### 동지 우덕순

그날 저녁, 〈대동공보〉 사무실로 동지들이 모여들었다.

"이토 히로부미를 그대로 두면 일본은 러시아까지 삼킬 것이오. 그러면 조선의 독립은 더욱 가망이 없게 되오."

안중근이 먼저 입을 열었다.

"이번이 이토 히로부미를 처단할 절호의 기회요! 그런데 우리가 힘이 없으니……."

한 사람이 탄식을 내뱉었다.

"내가 하겠소! 내가 그자를 처단하겠소!"

안중근이 책상을 두 주먹으로 내리치며 외쳤다.

사람들은 모두 안중근을 쳐다보았다. 그의 성격이나 애국심으로 보면 당연한 일이었다. 그렇지만 자칫 목숨을 잃을 수도 있는 일에 조금도 두려워하지 않는 모습을 보고 놀라지 않을 수 없었다.

"그러나 혼자서 거사했다가 실패하면 세상 사람들의 조롱거리가 되고 동지들에게도 면목이 없는 일이오. 이토가 제 발로 여기까지 오는데 이 기회를 놓치면 지금까지 국권 회복을 하기 위해 목숨을 바친 분들의 노력은 물거품이 되고 맙니다. 동지가 필요하오. 누가 나와 함께 가겠소?"

안중근이 사람들을 둘러보았다. 사무실 안은 긴장감마저 돌았다.

"내가 가겠소! 내가 함께하겠소!"

우덕순이었다. 우덕순은 충북 제천 출신으로 서울에서 잡화상을 경영하면서 독립 협회 활동을 했다. 을사늑약이 체결되자 블라디보스토크로 가서 학교를 설립하여 청년들을 교육했다. 1908년 7월에는 안중근과 함께 의병 전쟁에 참여했고, 단지 동맹을 한 동지였다. 담배 행상을 하면서 독립 자금을 모으고, 〈대동공보〉의 회계 책임도 맡고 있었다.

안중근과 우덕순은 서로를 부둥켜안았다. 안중근은 가슴이 뜨거워졌다.

"우 동지! 선뜻 나서 주어 정말 고맙소!"

"우리나라를 빼앗고, 백성들의 인권을 짓밟은 *공적을 처단하는 일에 어찌 모른 체할 수 있겠소."

두 사람이 뜻을 모아 이토 히로부미를 처단하겠다고 나서자 〈대동공보〉 사무실은 열기에 들떴다.

"그럼 안 형이 특파 독립대 대장을 맡고, 우 동지가 공동 실행자가 되시오."

〈대동공보〉 유진률 사장을 비롯해 회의에 모인 사람들은 약간의 자금과 호신용 권총을 안중근과 우덕순에게 주었다. 또한 신문과 잡지에서 오려 낸 이토 히로부미의 사진도 건네주었다.

그들은 밤을 꼬박 새우고 새벽녘에야 흩어졌다. 안중근은 새벽의 맑은 공기를 마시며 우덕순을 바라보며 중얼거리듯 말했다.

"꿈에 그리던 *보국의 기회가 마침내 왔소."

*공적 : 나라나 국민 전체의 적.
*보국 : 나라를 보호하여 지킴.

그런 안중근을 바라보며 우덕순은 주먹을 불끈 쥐었다.

"우 형! 그런데 만일 이토 히로부미가 블라디보스토크에 오지 않으면 어쩌지요? 하얼빈에서 협약을 체결한다면 그곳에서 일을 끝내고 곧바로 돌아갈 수도 있지 않겠소?"

"안 형 생각이 옳습니다. 좀 더 확실하게 하자면 하얼빈으로 가는 게 좋을 것 같습니다."

안중근은 곧 떠날 채비를 했다. 하지만 유진률 사장이 건네준 자금으로는 여비가 턱없이 부족했다.

'어디서 돈을 구하지?'

안중근은 궁리 끝에 마침 블라디보스토크에 살고 있는 의병장 이석산을 찾아갔다. 그는 마침 행장을 꾸려 어디론가 떠나려는 참이었다.

"돈 1백 원만 꾸어 주시오. 급하오."

안중근이 청을 했으나 이석산은 들어주지 않았다. 간곡하게 말해도 듣지 않자 안중근은 하는 수 없이 이석산을 위협해 1백 원을 빼앗았다.

그리고 안중근과 우덕순은 권총을 나누어 몸에 지니고 하얼빈으로 향했다.

**안중근은 정말 이석산의 돈을 빼앗았을까?**

안중근은 자서전에 스스로 이석산의 돈을 빼앗았다고 적고 있다. 안중근은 천주교 신자이면서 불의를 보면 참지 못하는 성격이었다. 그런 안중근이 아무리 다급하다고 해도, 아무리 옳은 일에 쓴다고 하더라도 남의 돈을 위협해서 빼앗았을까?

안중근의 자서전을 읽다 보면 여러 군데에서 이상하다는 걸 느낄 수 있다. 사건의 정황이 자세하지 않고, 어느 부분은 앞뒤가 맞지 않기도 하다.

안중근이 자서전을 쓸 때는 그가 감옥에 있었던 상황이었다. 그러므로 안중근은 자신과 연관된 사람들에 대한 이야기는 아주 조심스럽게 썼다. 통역을 한 유동하는 의거 사실을 사전에 몰랐다고 적기도 했다. 다른 기록에 보면 유동하도 알고 있었던 것으로 나온다.

때문에 여기서 이석산을 위협해 돈을 빼앗았다고 기록한 것도 그를 보호하기 위해, 실은 도움을 받았지만 강제로 빼앗았다고 기록했을 가능성이 높다. (김삼웅의 《안중근 평전》 참고)

### 꼼꼼한 거사 준비

안중근과 우덕순은 하얼빈으로 가는 기차에 몸을 실었다. 긴장한 탓인지 말없이 창밖만 바라보던 안중근이 우덕순에게로 고개를 돌렸다.

"우 형, 우리가 러시아 어를 전혀 몰라 걱정입니다."

"나도 그 생각을 하고 있었어요. 의심을 받을지도 모릅니다."

기차는 어느새 쑤이펀허 지방에 이르렀다.

"우 동지! 여기서 내려서 통역을 해 줄 사람을 데리고 갑시다."

"누구 아는 사람이라도 있소?"

"평소 친분이 있는 한의사가 있소. 그에게 부탁해 보려고요."

안중근과 우덕순은 기차에서 내려 한의사 유경집을 찾아갔다. 마침 그의 아들 유동하도 있었다.

"가족들을 맞이하러 하얼빈으로 가는 길인데 러시아 말을 모릅니다. 통역할 사람을 좀 소개해 줄 수 있으신지요."

안중근의 말에 유경집은 아들 동하를 돌아보며 말했다.

"마침 잘됐습니다. 약을 사러 동하를 하얼빈으로 보내려던 참입니다. 같이 가시지요."

안중근은 유동하를 바라보았다. 반듯한 얼굴에 눈매가 영리해 보이는 열여덟 살 청년이었다.

안중근과 우덕순은 유동하를 데리고 하얼빈으로 향했다. 그러나 유동하에게는 거사 계획을 말하지 않았다. 세 사람은 혹시 일이 탄로 나지 않도록 철저하게 대비하느라 하얼빈까지 가는 동안에도 따로따로 앉을 정도였다.

10월 22일 밤 9시 15분, 세 사람은 하얼빈 역에 도착했다. 이토 히로부미가 오기 때문인지 역은 깨끗하게 단장되었고, 러시아 병사들이 역 주변을 서성거리고 있었다.
 안중근 일행은 곧장 마차를 불러 타고 유동하의 사돈이자 *한민회 회장인 김성백의 집으로 갔다.
 이튿날 아침, 안중근 일행은 신문을 보고 이토가 도착하는 정확한 시간을 알아냈다. 그리고 다시 하얼빈 역에 나가 보았다. 경비가 어찌나 삼엄한지 긴장감마저 돌았다.
 "우 형, 아무래도 이곳보다는 다른 곳에서 거사를 실행하는 게 어떻겠소?"
 "그래야 할 것 같소. 지금도 이렇게 경비가 철통같은데 이토가 오는 날은 더하지 않겠소."
 "장춘에서 이토가 열차를 탄다고 하는데, 그쪽이 오히려 나을 것 같소. 거기에 가 보기로 합시다."
 안중근의 말에 우덕순도 찬성했다.
 그들은 하얼빈 역을 나와 정신을 새롭게 하기 위해 이발도 하고 중국인 사진관에서 기념 촬영도 하였다. 그리고 안중근과 우덕순은 거사 계획을 유동하에게도 말해 주었다.
 그런데 유동하는 집안 사정이 생겨 돌아가야 할 처지가 되었다. 하는 수 없이 다시 통역해 줄 사람을 찾아야 했다. 안중근은

*한민회 : 1905년 결성된 하얼빈의 항일 단체. 1903년 도산 안창호를 주축으로 미국의 샌프란시스코에서 설립된 공립 협회에서 시작되었다.

블라디보스토크에서부터 알고 있던 조도선을 찾았다. 그는 러시아 말에 능통한 사람으로, 하얼빈에서 세탁업을 하고 있었다. 안중근의 이야기를 들은 조도선은 흔쾌히 승낙해 주었다.

김성백의 집으로 돌아온 안중근 일행은 고민에 빠졌다. 장춘 쪽으로 가려고 보니 자금이 턱없이 부족한 것이었다.

"겨우 30원 가지고는 활동비는 고사하고 여비조차 모자라니, 큰일이군!"

안중근은 한탄했다. 우덕순의 낯빛이 어두워졌다.

"동하! 자네 돌아가기 전에 사돈에게 50원만 빌려다 줄 수 있겠는가?"

안중근이 유동하에게 부탁했다. 유동하는 곤란하다는 표정을 지어 보였다.

"염려 말게. 내가 블라디보스토크에 있는 〈대동공보〉의 이강 주필에게 대신 그 돈을 갚아 달라는 편지를 써서 자네에게 주겠네. 자넨 그 편지를 사돈에게 보여 주고 돈을 빌리게. 그런 다음 내일 아침 우리가 떠난 다음 그 편지를 우편으로 부치게."

"알겠습니다."

유동하는 편지를 가지고 일을 하러 간 김성백을 찾아 밖으로 나갔다.

"안 형! 나도 일 좀 보고 오겠소."

우덕순도 나가고 홀로 김성백의 집에 남게 된 안중근은 안중근은 앞으로 할 일을 생각하자 가슴이 복받쳤다. 안중근은 노래 한 수를 읊었다.

장부가 세상에 처함이여, 그 뜻이 크도다.
시대가 영웅을 만들며 영웅이 때를 만들도다.
천하를 크게 바라봄이여, 어느 날에 반드시 업을 이루리로다.
동풍이 점점 차가워 오는데, 장사의 의기는 더욱 뜨겁도다.
분개한 마음으로 한번 가면 반드시 목적을 이루리로다.
좀도둑 이토여, 어찌 목숨이라 할 수 있을까.
어찌 이에 이를 줄 헤아렸으리오, 일의 형세가 본디 그러하다.
동포 동포여 속히 대업을 이룰지어다.
만세 만만세여 대한 독립이로다.
만세 만만세여 대한 동포로다.

김성백을 찾아갔던 유동하는 밤 열 시나 되어서 풀이 죽은 채 돌아왔다. 김성백은 송화강의 다리 공사를 맡아 하고 있었는데, 부족한 인부를 구하기 위해 어디론가 가 버려 만나지 못한 것이다.

그날 밤 안중근은 제대로 잠을 잘 수 없었다.

10월 24일 아침, 안중근과 우덕순은 조도선을 만나 하얼빈 공원을 산책하면서 다시 의논을 했다.

"지난밤 유동하가 돈을 빌려 오지 못했소. 장춘으로 간다는 계획은 힘들 것 같소. 하얼빈과 장춘의 중간쯤 *교행역으로 갑시다. 그곳에서는 특별 열차라도 멈추지 않을 수 없을 것이오."

안중근의 말에 우덕순과 조도선도 동의했다.

"그럼 내가 역무원에게 교행역이 어딘지 물어보고 오겠소."

조도선이 하얼빈 역으로 들어갔다.

"차이자거우 역이라고 합니다."

잠시 후 역에서 나온 조도선이 말했다.

안중근 일행은 기차를 타고 차이자거우로 떠났다. 이토를 태운 기차가 차이자거우에 잠시 멈추면 그때 일을 치를 생각이었다. 차이자거우 역 위층에는 대합실과 사무실이, 반지하인 아래층에는 찻집과 창고 등이 있었다. 그들은 여관이 없어 이곳 찻집에서 묵기로 했다.

안중근 일행은 차이자거우 역무원에게서 하루 세 번 열차가 이곳을 통과한다는 것을 알아냈다. 또한 아주 중요한 정보를

***교행역**: 상·하행선 열차가 서로 방향을 바꾸는 곳.

얻었다. 특별 열차가 하얼빈에서 장춘까지 가서 이토를 영접하고, 26일 아침 여섯 시에 차이자거우 역에 도착한 뒤, 아홉 시경에 하얼빈에 도착한다는 사실이었다.

안중근은 고민에 휩싸였다.

'아침 여섯 시면 아직 날이 밝기 전이다. 그렇다면 이토가 정거장에서 내리지 않을지도 모른다. 또 설사 차에서 내린다고 해도 어두워서 누가 누군지 분간하기 어려울 것이다. 게다가

내가 이토의 얼굴을 잘 알지 못하니 잘못하면 실패할 수 있다.'

안중근은 다시 장춘으로 가고 싶었다. 하지만 여비가 부족해 마음대로 움직일 수 없어 초조했다.

안중근은 셋 다 차이자거우에 있다가 일을 그르칠 수 있다는 판단이 들었다.

"우 동지, 조 동지! 아무래도 계획을 바꾸어야 할 것 같소. 곰곰이 생각해 보니, 이토가 내일 새벽 여기를 지나간다고 해도 어두울 때라 일을 치르기가 어려울 것 같소. 이번 기회를 잃으면 다시는 일을 도모하기 힘들다는 것은 불 보듯 뻔하오. 그러니 두 패로 나누어 일을 도모하는 게 좋겠소. 우 동지, 조 동지는 여기에 있고, 나는 하얼빈으로 돌아가겠소. 만일 두 동지께서 성공하지 못하면 내가 성공할 것이고, 내가 성공하지 못하면 두 동지께서 일을 성공시켜야 할 것이오. 둘 다 성공하지 못하면 다시 비용을 마련한 다음 상의해서 거사하도록 합시다. 이것이 가장 안전하고 완전한 방법이오."

안중근의 말에 두 사람은 고개를 끄덕였다.

25일 오후, 안중근은 다시 하얼빈으로 돌아왔다.

### 마침내 거사를 실행하다

1909년 10월 26일, 안중근은 새벽같이 자리에서 일어났다. 김성백의 집에서였다. 밤잠을 설친 탓인지 몸과 마음이 무거웠다. 안중근은 수수한 양복으로 옷을 갈아입고는 하느님께 조용히 기도를 올렸다.

'2천만 동포의 원수일 뿐만 아니라 동양의 평화를 깬 원수를 처단할 수 있게 도와주십시오.'

기도를 마친 안중근은 외투를 걸친 뒤 권총을 잘 닦아 속주머니에 넣었다.

오전 일곱 시, 안중근은 마차를 타고 하얼빈 역에 도착했다. 역에는 러시아 군인들이 삼엄한 경비를 펴는 가운데 이토 환영 준비가 한창이었다. 안중근은 일본인 환영객 사이에 끼어 역 안으로 들어갔다.

그리고 플랫폼이 잘 보이는 역 안의 찻집에 들어갔다.

'이토 히로부미가 도착할 때까지 아직 두 시간이 남았군.'

안중근은 차를 한 잔 시키고 앉아 주변을 살폈다. 역 안으로 환영 인파들이 꾸역꾸역 몰려들어 *인산인해를 이루고 있었다.

'만일 차이자거우에서 우덕순 동지가 실행하지 못했다면 열차는 아홉 시에 도착할 것이다. 그렇다면 언제 어떻게 저격을

*인산인해 : 사람이 헤아릴 수 없이 많이 모인 상태.

하는 게 좋을까?'

시간은 지루하게 흘러갔다. 안중근은 차를 두서너 잔 더 시켜 마시면서 꼼꼼하게 계산하였다.

아홉 시. 기적 소리가 길게 울렸다. 안중근의 심장이 튀어나올 듯 두근거렸다.

'우덕순 동지가 실행하지 못한 게 분명해.'

안중근은 주머니 속의 권총을 만져 보았다. 가슴이 서늘해졌다. 초록색 특별 열차가 하얀 김을 내뿜으며 역으로 서서히 들어오고 있었다.

플랫폼에 서 있던 일본인 환영객들이 일장기를 흔들며 소리쳤다.

"환영합니다! 환영합니다!"

이윽고 군대가 경례를 하고 군악이 연주되었다. 플랫폼에서 기다리고 있던 코코프체프가 열차로 올라가 이토를 맞았다.

'슬프다. 세상일이 참 공평하지도 않다. 이웃 나라를 강제로 빼앗고 사람의 목숨을 참혹하게 해친 자는 조금도 거리낌 없이 날뛰면서 이런 환영을 받고, 죄 없이 어질고 약한 인종은 이처럼 짓밟혀야 하다니!'

안중근은 피가 거꾸로 솟는 분노를 느꼈다.

이토가 열차에서 내렸다. 각국 사절과 인사를 나눈 이토는 러시아 의장대 사이로 걸어 나오기 시작했다.

그때까지 찻집에서 이 모습을 지켜보던 안중근은 자리에서 벌떡 일어났다. 그리고 일본인들 틈에 끼어 플랫폼으로 뚜벅뚜벅 걸어갔다. 안중근은 의장대 뒤에 바짝 붙어 섰다. 러시아 관리들이 호위를 하는 가운데, 누런 얼굴에 흰 수염을 가진, 작달막한 늙은이가 걸어오고 있었다.

'저것이 필시 늙은 도둑 이토일 것이다. 감히 부끄러운 줄도 모르고 하늘과 땅 사이를 활개 치고 다니다니!'

그가 바로 눈앞에 다가왔다. 불과 열 걸음 정도의 거리였다. 그 순간 안중근은 권총을 뽑아 들었다.

탕! 탕! 탕! 탕!

네 발의 총성이 울렸다.

흰 수염의 작달막한 늙은이가 가슴을 움켜쥐고 쓰러졌다.

'저놈이 이토가 틀림없겠지? 만일 잘못 쏜 것이라면 큰 낭패다.'

안중근은 다시 세 발을 더 쏘았다.

'만일 이토가 아닌 죄 없는 사람을 잘못 쏘아 다치게 했다면 큰일이다.'

안중근은 이런 생각을 하느라 잠시 멈칫했다. 그사이 러시아 헌병들이 와락 달려들었다.

안중근이 하늘을 향하여 크게 외쳤다.

"*코레아 우라! 코레아 우라! 코레아 우라!"

1909년 10월 26일 오전 9시 30분경이었다.

*코레아 우라 : 러시아 말로 '한국 만세' 라는 뜻.

## 공부보다는 사냥을 즐기다

### 가슴에 일곱 개의 점이 있어 응칠

1879년 9월 2일(음력 7월 16일), 황해도 해주 수양산 아래에 진해 현감을 지낸 안인수 대감의 집 대문에 금줄이 걸렸다. 새끼에 생솔가지와 숯, 빨간 고추가 매달려 있었다.

"안 대감님네 손자를 얻었구랴."

"경사네, 경사야. 정말 복 받은 어른이시지. 손자가 할아버지를 닮아서 장차 큰일을 해냈으면 좋겠구먼."

지나가는 사람들이 서로 즐거운 얼굴로 덕담을 했다.

안인수 대감의 집은 황해도 전체에서 둘째가라면 서러울 정도로 큰 부잣집이었다. 한 해에 쌀을 수천 석 거둘 정도였다. 또한 안인수 대감은 성품이 어질고 후덕하며 자선가로도 널리 알려져 있었다. 그렇기에 사람들은 안인수 대감네가 자손을 본 것을 제 일인 양 기뻐했다.
　이날 태어난 아이는 안인수 대감의 셋째 아들인 태훈의 장남 중근이었다.
　안인수는 6남 3녀를 두었는데, 자녀들이 모두 글공부를 썩 잘

했다. 그중에서도 셋째 태훈은 특출 났다. 어려서부터 지혜와 재주가 뛰어나 여덟아홉 살에 \*사서삼경을 습득했다. 그 소문은 이웃 마을까지 퍼져 \*선동이라고 불릴 정도였다. 열서너 살 무렵 \*《자치통감》을 배울 때는 열 장 뒤에 있는 글을 미리 알아맞힐 정도로 완벽하게 알고 있어 선생을 놀라게 했다고 한다.

안태훈은 과거에 급제하여 진사가 되었고, 조씨와 결혼해 마침내 맏아들 중근을 얻은 것이었다.

"아버님, 아이가 배와 가슴에 일곱 개의 점이 있는데, 마치 북두칠성 같습니다."

안태훈은 기쁜 마음에 아버지 안인수 대감에게 말했다.

"오호, 그래. 그 아이의 \*아명은 응칠이로 하자꾸나. 북두칠성의 기운을 받고 태어난 아이라는 뜻이다. 어떠냐?"

"네, 아주 좋습니다. 나라가 어지러운 때이니 이 아이가 응칠이라는 이름답게 장차 큰일을 했으면 합니다."

안태훈의 말에 안인수는 말없이 웃음을 지어 보였다.

중근이라는 이름은, 그가 어릴 때부터 성질이 급하고 나돌아 다니길 좋아해서 점잖고 무게 있으라는 뜻으로 무거울 중, 뿌리 근 자를 써서 나중에 다시 지은 것이다.

안중근이 태어날 무렵, 우리나라는 마치 풍랑을 만난 작은 나

---

\*사서삼경 : 유교의 기본 경전. 사서는 《논어》, 《대학》, 《맹자》, 《중용》이고 삼경은 《시경》, 《서경》, 《주역》이다.
\*선동 : 신선과 같은 아이.
\*《자치통감》 : 중국의 역사서.
\*아명 : 어린아이 때의 이름.

뭇잎 배와 같은 지경이었다. 미국, 프랑스, 영국, 독일, 러시아 등 서양 *열강들이 통상을 요구하며 물밀듯이 들어왔다. 겉으로는 통상을 요구했지만 사실은 침략에 목적이 있었다. 여기에 청나라는 우리나라가 예전부터 자기네 속국이라고 하면서 사사건건 간섭하려고 들었고, 일찍이 서양 문물을 받아들여 힘을 키운 일본까지 틈만 나면 조선을 집어삼키려고 하고 있었다.

그런데도 조선의 조정에서는 세계의 변화를 꿰뚫지 못한 채 권력 다툼만 하고 있었고, 국론은 서양과 통상을 하여 서양 문물을 받아들이자는 개화파와 통상을 반대하는 위정척사파로 분열되어 있었다.

결국 안중근이 태어나기 3년 전인 1876년, 우리나라는 일본의 개항 압력을 이기지 못해 강화도 조약을 맺게 되었다.

강화도 조약을 계기로 조선은 거대한 소용돌이에 휘말려 들어갔다. 일본은 물론이고 서양의 세력들이 노골적으로 침략을 해 오는 계기가 된 것이다.

안중근의 집안도 그 소용돌이를 피해 가지 못했다.

안중근이 여섯 살 나던 해, 개화사상을 가진 김옥균, 박영효, 서광범, 홍영식, 서재필 등 청년 지식인들이 갑신정변을 일으킨 것이다. 그들은 청나라와의 종속 관계를 청산하고 서양의

*열강 : 여러 강한 나라.

**운요호 전투 기록화** 1875년 일본 군함 운요호는 강화도 앞바다에 불법으로 침투하였다.

발달된 문물을 받아들여 나라를 발전시켜야 한다고 주장했다. 하지만 그들의 힘만으로는 부족했다. 결국 깊이 생각지 못한 채 일본의 힘을 빌렸다. 일본은 기회는 이때다 하고 군대를 끌고 와, 청나라의 힘을 빌려 정권을 잡고 있던 명성 황후 세력을 몰아냈다.

하지만 갑신정변은 사흘 만에 실패로 끝이 났다. 왕비인 명성 황후가 청나라에 지원을 요청해 개화파들을 내쫓은 것이다.

**우리나라와 서양 열강들이 맺은 불평등 조약**

19세기 말, 서양의 강대국들은 식민지를 개척하기 위해 동양으로 밀려왔다. 조선도 예외는 아니었다. 서양의 강대국들은 통상을 요구하며 조선에 문호를 개방할 것을 요구했다. 이는 겉으로는 통상을 내세웠지만 실은 침략을 목적으로 한 것이었다. 이에 조선은 서양의 세력들을 오랑캐로 규정하고 통상 요구에 응하지 않고 오히려 더욱 꽁꽁 나라의 문을 닫았다.

그런 가운데 이미 근대화를 이루고 열강의 대열에 합류한 일본은 고압적인 외교 문서로 조선에 국교를 수립할 것을 요구했다. 당시 집권을 하고 있던 흥선 대원군이 이를 거절하자 일본은 조선의 문호 개방을 위한 책략을 꾸민다. 일본 군함 운요호는 1875년 조선 해안을 살피고 연구하기 위해 왔다고 핑계를 대고 강화도 앞바다에 불법으로 침투하였다. 이에 해안 경비를 서던 조선 수군이 방어적 공격을 했다. 그러자 운요호는 보복으로 조선 수군을 공격하여 수많은 사람을 죽이고 재물도 빼앗았다. 그러고는 일본은 이 사건의 책임을 물어서 적반하장 격으로 조선 정부에 배상과 함께 통상 수교를 요구했다. 당시 조선으로서는 일본의 이런 압력에 대항할 만한 힘이 없었고, 국내 일부에서도 통상 수교의 필요성을 인식한 사람들의 주장이 있었다. 이에 조선 정부는 하는 수 없이 일본과 불리한 조건으로 1876년 강화도 조약을 맺고 문호를 개방한다. 이는 조선이 외국과 맺은 최초의 불평등 조약이었고, 이 조약으로 일본은 조선의 경제적 침략의 발판을 마련했다.

이후 조선은 1882년 미국과 조미 수호 통상 조약을 맺는 것을 시작으로 영국, 이탈리아, 독일, 러시아, 프랑스 등과 차례로 통상 조약을 체결했다. 이는 대부분 서양 제국주의의 압력에 굴복해 조선에게 불리한 조건으로 맺은 불평등 조약이었다. 서양 열강들과의 통상 조약은 근대 사상과 문물, 제도를 받아들이는 계기가 되었지만, 서양 열강들의 조선 침략이 점점 더 거세지는 결과도 낳았다.

박영효, 김옥균, 서재필 등은 일본으로 도망을 갔고, 함께 난리를 꾀한 사람 중 몇몇은 붙잡혀 유배를 가거나 죽임을 당하기도 했다.

박영효는 준수한 청년 70명을 뽑아 외국으로 유학을 보내려고 했는데, 그들도 몇몇 잡혀갔다. 안태훈도 유학생으로 뽑혀 있었다.

안태훈은 크게 낙담했다.

"장차 나라를 위해 선진국으로 가서 공부하려고 했는데, 오히려 역적으로 몰려 목숨마저 위태로워졌으니 이를 어찌하면 좋단 말인가."

안태훈은 간신히 몸을 피해 달아나 고향 집으로 돌아왔다. 아직 젊은 나이에 뜻을 펼치지도 못한 채 숨어 살아야 할 처지가 된 안태훈은 몹시 괴로워했다.

"아버님, 나라가 날로 잘못되어 가니, 나라를 위해 큰일을 하겠다는 생각은 아무 소용이 없게 되었습니다."

안태훈은 아버지 안인수 대감에게 절통한 심정으로 말했다. 그러자 괴로워하는 아들을 지켜본 안인수 대감은 결심한 바가 있다는 듯 말했다.

"나라 돌아가는 꼴이 정말 큰일이로구나. 간신배들이 판을 치고, 권력에만 눈이 어두운 모리배들이 활개를 치니 이보다 한심한 세상이 어디 있겠느냐. 밭이나 갈고 고기나 낚으며 사는 것이 낫지 않겠느냐. 이토록 어지러운 세상에 누가 뜻을 펼칠 수 있겠느냐."

안인수는 그길로 *가산을 정리해 무려 7, 80명이나 되는 대가족을 이끌고 황해도 신천군 청계동으로 이사를 했다.

### 사냥과 말타기에 뛰어난 소년

청계동은 험준한 산에 둘러싸여 있었다. 하지만 기름진 논밭이 넉넉하게 갖추어져 있어 사는 데 부족함이 없었고, 경치가 무척 아름다워 마치 별천지 같았다. 안중근 일가가 숨어 살기에 아주 적당했다.

청계동에서 안중근 일가는 금세 안정을 찾았다. 안중근은 산으로 들로 다니며 사냥과 말타기를 즐기며 자라났다.

열네 살이 되던 해, 사냥꾼을 따라 사냥을 다녀온 안중근은 집 안으로 들어서며 이상한 느낌에 가슴이 쿵 내려앉았다. 평소와는 달리 집 안이 너무나 조용했다.

"중근아, 어서 옷을 갈아입고 할아버지 방으로 건너오너라."

*가산 : 집안의 재산.

안중근을 본 아버지가 낮은 목소리로 말했다.

안중근이 방으로 들어서자 할아버지가 자는 듯 누워 있었고, 온 가족이 방 안에 빙 둘러앉아 있었다.

"할아버지께서 임종하셨다."

아버지의 말에 안중근은 그 자리에 털썩 주저앉았다.

안중근에게 할아버지는 아버지와 같은 존재였다. 아버지가 서울에 공부하러 가 있을 때 안중근은 할아버지한테 교육을 받았다. 공부할 때는 엄한 선생님이었지만, 평소에는 따뜻하고 다정한 보통 할아버지였다.

몇 날 며칠 할아버지의 죽음에 애통해하던 안중근은 그만 병이 나고 말았다.

안중근은 6개월이나 앓다가 겨우 회복되었다.

병에서 회복된 안중근은 사냥이나 말타기, 활쏘기에 더욱 관심을 쏟았다.

총을 메고 산에 올라 새, 짐승 들을 사냥했는데, 안중근은 사격의 명수였다. 날아가는 새도 쏘아 맞히고, 달리는 짐승도 백발백중시킬 정도였다. 어느 날은 노루와 고라니를 한꺼번에 여러 마리 잡아 오기도 했다.

안중근이 사냥에만 온통 정신을 쏟자 하루는 아버지가 안중근을 불러 엄하게 꾸짖었다.

"어찌 너는 공부는 뒷전이고 사냥에만 정신을 빼앗겨 사느냐? 그래 가지고 남아로서 장차 무슨 큰일을 이루겠느냐?"

그러나 아버지의 꾸짖음에도 안중근은 사냥을 그만두지 않았다. 어머니와 선생님도 큰 걱정을 하며 타일렀지만 달라지지 않았다.

안중근은 자주색 수건으로 머리를 동인 뒤 *돔방총을 메고 여전히 사냥을 다녔다. 그러자 이번에는 함께 공부를 하는 친구가 타이르듯 말했다.

"중근아, 공부에도 좀 관심을 가져 봐. 너의 아버지는 문장가로 이름을 떨쳤는데, 넌 왜 천둥벌거숭이처럼 구는 거야? 어째서 무식한 사람이 되려고 하는 거야?"

그러자 안중근이 대꾸했다.

"네가 그렇게 말하는 뜻은 알겠다. 하지만 나는 남자는 남자다워야 한다고 생각한다. 남자다운 것은 문무를 두루 갖추는 것, 즉 글공부뿐만 아니라 신체도 단련하는 것이지. 한 나라가 문무를 다 갖추고 있어야 남의 나라에게 침략을 받지 않듯이 사나이라면 그 두 가지 면이 다 있어야 하지 않겠나?"

"그래도 네가 너무 공부를 소홀히 하니 어른들이 걱정을 하잖

*돔방총 : 메고 다니기에 편리하도록 만든 총열이 매우 짧은 총.

아."

"옛날 초나라 임금인 항우는 '글은 이름이나 적을 줄 알면 그만이다.'라고 했어. 그런데도 항우는 이름이 지금까지 남아 전하고 있지. 나는 학문을 가지고 세상에 이름을 드러내고 싶지 않아. 항우도 장부고 나도 장부다. 너희들은 다시는 내게 공부하라고 하지 마라."

안중근의 태도가 하도 당당해 친구들은 더 이상 말을 하지 못했다.

그렇다고 안중근이 공부를 전혀 하지 않은 것은 아니었다. 안중근은 집안 서당에 초빙된 스승에게서 유교 경전을 비롯해 조선의 역사와 다른 나라의 역사를 두루 배웠다. 다만 그의 아버지처럼 선동 소리는 듣지 못했다.

사냥과 말타기로 단련된 안중근은 기운도 세고 기골이 장대했다. 또한 사나이답고 의로운 사람들을 매우 좋아해서, 그런 사람이 어디에 산다는 이야기를 들으면 아무리 먼 곳이라도 말을 타고 달려가곤 했다. 그리고 이야기를 나누면서 그가 친구가 될 만하면 서로 터놓고 지냈다.

친구들은 안중근을 '번개 입'이라고 불렀다. 바른말을 잘하기 때문이었다. 안중근은 행동이 올바르지 못한 사람들을 보면 서슴지 않고 충고를 했다.

호기롭게 사냥을 즐기던 안중근은 한번은 호되게 혼이 난 적도 있다.

친구들과 노루 사냥을 하고 있는데, 총알이 총구멍에 걸려 나오지도 들어가지도 않았다. 하는 수 없이 쇠꼬챙이로 총구멍을 마구 쑤셔 댔다. 그러자 갑자기 꽝 하는 소리가 터져 나왔고, 안중근은 그 자리에서 정신을 잃고 말았다. 오른손은 온통 피투성이였다. 총알이 터지면서 쇠꼬챙이가 오른손을 뚫고 날아간 것이었다. 곧 치료를 받고 나았지만, 안중근은 오래도록 그때 놀란 일을 잊지 못했다.

어느 해 봄에는 낭떠러지에서 목숨을 잃을 뻔하기도 했다.

안중근은 친구들과 같이 산에 올라 경치를 구경하다가 험한 바위가 겹겹이 쌓인 낭떠러지에 이르렀다. 거기에는 아름다운 꽃들이 피어 있었다. 안중근은 아름다운 꽃을 꺾으려다가 그만 발을 헛디디고 말았다. 안중근은 순식간에 미끄러지면서 수 미터 아래로 굴러떨어졌다.

"중근아!"

"응칠아!"

친구들이 다급한 나머지 아명과 이름을 섞어 가며 불렀다. 벼랑으로 굴러떨어지는 안중근을 친구들은 하얗게 질린 채 바라보고 있어야만 했다.

낭떠러지로 떨어지던 안중근은 순간적으로 팔을 힘껏 뻗쳤다. 나뭇가지가 손에 잡혔다. 식은땀이 흘렀다. 안중근은 정신을 추스르고 사방을 둘러보았다. 아찔했다. 조금만 늦게 나뭇가지를 잡았더라면 그대로 벼랑 아래로 떨어져 온몸이 으스러졌을 게 뻔했던 것이다.

얼굴이 굳은 채 보고만 있던 친구들은 그때서야 부랴부랴 밧

줄을 구해 와 끌어 올려 주었다.

"후우!"

안중근과 친구들은 그제야 안도의 숨을 쉬었다.

"괜찮아?"

친구들의 걱정스런 물음에 안중근은 몸을 살펴보았다. 몸에는 상처가 한 군데도 없었고, 등이 땀으로 흠뻑 젖어 있었다.

"괜찮아."

"정말 다행이다."

"하늘이 도왔어."

안중근과 친구들은 서로 손을 마주 잡고 기뻐하며 산을 내려왔다.

# 동학 농민 운동의 소용돌이 속에서

### 어지러운 나라

 안중근 일가가 터를 잡은 뒤 청계동은 나날이 발전했다. 큰 가옥을 세 채나 지어 이사를 했던 안중근 일가의 사랑방은 늘 사람들로 붐볐다. 아버지 안태훈은 서당을 내어 신천군의 아이들을 가르치기도 했다.
 안중근은 사랑방을 드나드는 사람들을 통해 바깥세상의 이야기를 들을 수 있었다.
 "나라 꼴이 이래 가지고서야 원, 왜놈들마저 날뛰고 있으니……."

"어디 왜놈들뿐입니까? 청과 러시아도 우리를 집어삼키려고 하고 있습니다."

"그런데도 조정 대신들은 권력 다툼이나 하고 지방 관리들은 백성들의 *고혈이나 짜내고 있으니, 앞으로 나랏일이 걱정입니다."

안중근은 사랑방에 모인 사람들의 이야기에 귀를 기울였다. 안중근은 이들의 이야기를 일일이 아버지에게 보고하고 상의했다.

청계동으로 이사 온 지 10년째인 1894년, 16세가 되던 해 안중근은 한 살 위인 김아려와 결혼했다. 신부는 재령군 신환포에 사는 김홍량의 딸이었다. 나중에 분도, 준생 두 아들과 딸 현생을 낳았다.

그 무렵 나라는 유난히 어지러웠다. 강화도 조약 이래로 일본은 해마다 온갖 방법을 동원해 수많은 곡물을 사들여 갔는데, 아주 헐값으로 사 가는 것이어서 실은 빼앗아 가는 거나 다름없었다. 이로 인해 흉년이 들면 농민들은 식량난에 허덕였다. 그런데도 조정과 관리들은 권력 다툼에 빠져 있었고, 오히려 백성들의 재물을 빼앗아 자기들의 배만 불리고 있었다. 게다가

*고혈 : 사람의 기름과 피. 또는 몹시 고생하여 얻은 이익이나 재산.

탐관오리들이 온갖 세금을 징수해 농민들의 삶은 점점 더 힘들어졌다.

그중에서도 전라도 고부 군수 조병갑의 폭정은 극에 달했다. 저수지에 만석보라는 보를 쌓아 물을 가두고는 농민들에게 물세를 거두어들이고, 죄가 없는 사람에게 죄를 뒤집어씌워 재산을 빼앗았으며, 죽은 아버지의 비석을 세운다며 돈을 강제로 거두어들이는 등 횡포가 하늘을 찔렀다. 이에 화가 난 농민들은 조정에 수차례 해결해 줄 것을 요구했다. 그러나 조정에서는 들은 척도 하지 않았다. 더 이상 참을 수 없었던 농민들은 폭동을 일으켰다. 1894년 2월, 동학 농민 운동이 일어난 것이다.

그 소식은 청계동의 사랑방에도 전해졌다.

"소식 들었소? 전라도 고부에서 난리가 났소."

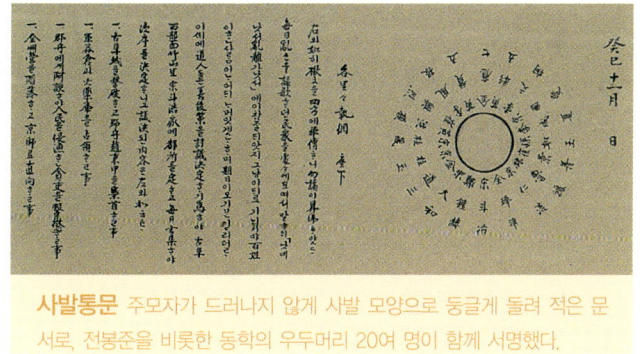

**사발통문** 주모자가 드러나지 않게 사발 모양으로 둥글게 돌려 적은 문서로, 전봉준을 비롯한 동학의 우두머리 20여 명이 함께 서명했다.

한 남자가 사랑방에 들어서며 다소 흥분된 목소리로 말했다.

"그래요? 난 처음 듣는데, 난리라니요?"

사랑방에 일찍이 자리 잡고 앉아 있던 선비가 눈을 동그랗게 뜨고 물었다.

"농민들과 동학교도들이 고부 관아를 습격했다고 합니다. 그래서 창고를 부수고 쌀을 가져다 가난한 사람들에게 나누어 주었다고 합니다."

"관아를요? 그렇다면 폭도들이 아닙니까?"

구석에서 가만히 듣고 있던 다른 남자가 말에 끼어들었다.

"꼭 그렇다고 할 수 없어요. 고부 군수 조병갑이 여간 백성들을 괴롭힌 게 아닌 모양이오. 백성들의 고혈을 짜내니 들고일어날 수밖에요."

"어허! 나라가 어지러우니 자연 홍길동이 나타나는구려."

선비가 수염을 어루만지며 쓸쓸하게 말했다.

그 이야기를 듣고 있던 안중근은 마음이 답답해졌다.

'그렇지 않아도 나라에 힘이 없어 외국의 세력들에 좌지우지되는데, 난리마저 일어났으니······.'

안중근은 아버지에게 이 사실을 알렸다.

"탐관오리 횡포가 기어이 큰일을 냈구나!"

"네, 그렇습니다. 지금 전라도 지방은 난리도 아닌 듯싶습니다."

"그래도 자연히 사그라지지 않겠느냐."

"그렇긴 하겠지요."

안중근은 아버지의 방에서 물러 나와 생각에 잠겼다.

'나라가 힘이 없으니 이런 일이 생긴 것이다.'

그해 12월, 한 사람이 다급하게 안중근의 아버지를 찾아왔다. 황해도 관찰부 감사 정현석이었다.

"안 진사, 큰일 났습니다. 해주성을 동학당에게 빼앗겼습니다."

정현석은 숨 고를 새도 없이 말을 꺼냈다.

"뭐라구요! 어허, 자연히 사그라질 줄 알았더니 그게 아니었던 모양이오."

안중근의 아버지는 큰 한숨을 쉬며 말했다.

"사그라들기는커녕 오히려 전국으로 확산되고 있습니다."

"대감, 어찌된 일인지 좀 더 자세하게 이야기해 보시오."

"전라도에서 봉기한 동학군이 점점 북으로 올라오면서 관군과 대항하고 있는데, 그 수가 날로 늘고 있습니다. 관군의 힘으로는 대적할 수 없어 곳곳에서 패하고 있습니다. 조정에서는 어찌할 도리가 없어 청나라에 지원 요청을 하였고, 일본군도 군대를 보냈습니다."

**동학 농민 운동을 이끈 전봉준**

전봉준(1855~1895)은 전라북도 태인에서 태어났다. 아버지가 민란의 주모자로 처형된 후부터 사회 개혁에 대한 뜻을 품게 되었다. 30여 세에 동학에 입교하여 고부 접주(동학의 한 조직의 책임자)가 되었다.

1892년 고부 군수 조병갑이 학정을 일삼자, 1894년 음력 2월 15일 동학교도를 이끌고 고부 관아를 공격했다. 그리고 관아의 무기를 탈취하고 세금을 가난한 농민들에게 나누어 주었으며, 부패한 관리들을 붙잡았다. 이에 정부는 사건을 수습하기 위해 관리를 보냈으나, 관리는 오히려 모든 책임을 동학교도들에게 돌리고 탄압하였다.

이에 분개한 전봉준은 각지의 동학 접주들에게 통문을 보내어 궐기를 호소하여 태인, 정읍, 부안 등지의 동학교도와 농민 8,000여 명이 들고일어나 전주를 향해 진격하였다. 그러자 정부는 부랴부랴 청나라에 도움을 청했다. 청나라 군사가 들어오자 일본도 자국민을 보호한다는 핑계를 대고 군사를 조선에 보냈다.

이에 위기를 느낀 조선 정부는 탐관오리의 응징, 노비의 해방, 토지 균분제 실시 등 동학군의 요구를 들어주겠다는 약속을 하고 동학군과 휴전을 하였다.

전봉준은 전라도 지방에서 동학의 강화에 힘쓰고 상황을 지켜보았다. 그러나 요구가 제대로 시행되지 않고, 일본이 침략 행위를 일삼자 다시 봉기하였다.

전봉준은 남도의 접주가 되어 12만 명의 동학군을 이끌고 일본에 대항하여 싸웠다. 하지만 싸움이 거듭될수록 신식 무기를 갖춘 관군과 일본군에 밀려 동학군은 패배하고 말았다. 전봉준은 순창으로 피해 다시 거사를 일으킬 준비를 했다. 그러나 현상금을 노린 옛 부하의 배신으로 관군에 체포되어 1895년 3월 교수형에 처해졌다.

안중근의 아버지는 묵묵히 정현석의 말을 들었다.

"그들이 대부분 농민과 노비들인데, 양반들을 죽이고 부자들의 재산을 빼앗는 등 약탈을 일삼고 있습니다."

"양반과 부자라고 해서 죄 없는 사람들을 죽이다니, 될 말이오?"

동학 농민군은 처음에는 부패하고 무능한 관리들을 몰아내기 위해 봉기를 했다. 하지만 시간이 흐르면서 동학군의 이름을 내걸고 약탈과 살인을 일삼는 무리가 생겨나기 시작했던 것이다.

안중근의 아버지는 그런 무리들을 그냥 놔둘 수 없다고 판단했다. 이는 안중근도 마찬가지였다. 더욱이 안중근은 동학군이 난을 일으키는 바람에 청나라와 일본의 군대를 불러들이게 되었다고 여겼다. 그러나 외세가 들어오게 된 근본적인 원인은 무능한 조정과 관리들에게 있었다.

"그러면 내가 어찌하면 좋겠소?"

"안 진사 어른은 덕망이 높고 또한 많은 포수들을 거느리고 있으니, 그들을 모아 동학군을 물리쳐 주십시오."

안중근의 아버지는 그길로 청계동 일대의 젊은이와 포수 70여 명을 불러 모았다. 여자들과 아이들도 있었다.

### 동학군과 싸우다

마침내 원용일이 이끄는 황해도 동학군 2천여 명이 청계동으로 쳐들어왔다. 깃발과 창과 칼이 해를 가리고, 북소리, 호각 소리, 고함 소리가 천지를 흔들었다.

'사기가 충천한 동학군 2천여 명을 겨우 70여 명으로 대적한다는 것은 바위로 계란을 치는 격이다.'

총지휘를 맡은 안중근의 아버지는 막막했다. 모두들 말은 하지 않았지만 두려움에 떨고 있었다.

동학군이 바로 코앞에 다가왔다. 이제 맞붙어야 할 상황이었다.

그때 갑자기 바람이 불고 큰비가 내리기 시작했다. 빗줄기는 점점 거세졌다. 한창 기세를 올리며 전진하던 동학군은 갑작스럽게 퍼붓는 거친 빗줄기에 당황해했다. 한겨울 차가운 비에 젖은 동학군은 갑옷이 얼어붙을 지경이 되었다. 도저히 싸울 수가 없다고 판단한 동학군은 마을 밖으로 물러나 진을 쳤다.

이쪽에서도 덕분에 시간을 벌 수 있었다. 그날 밤 안중근의 아버지가 군사들을 불러 모았다.

"다행히 오늘은 비가 내려 적들이 물러갔지만 내일 날이 밝으면 다시 쳐들어올 것이오. 무슨 대책을 세워야 하지 않겠소."

방 안에는 침묵이 흘렀다.

"이 자리에 앉은 채로 적의 공격을 받게 되면, 우리 힘으로 저 많은 적을 이기지 못할 것은 *자명한 일이오. 오늘 밤 우리가 먼저 기습하는 것이 좋겠소."

안중근의 아버지 말에 모두 고개를 끄덕였다.

우선 기습을 감행할 정찰병을 40명 뽑기로 했다.

이때 안중근이 나섰다.

"아버님, 저도 정찰병으로 나가겠습니다."

아버지는 아직은 어린 안중근이 정찰병으로 나서겠다고 하자 대견하면서도 걱정이 되었다.

"네가 해낼 수 있겠느냐?"

"네, 해 보겠습니다. 저도 어엿한 사나이입니다."

안중근은 다부지게 말했다.

닭이 울었다. 새벽밥을 지어 먹은 40명의 정찰병은 어둠 속에 길을 나섰다. 안중근은 동지 6명과 앞장서서 나아갔다. 적진은 겨우 10리(4km)밖에 안 되는 가까운 거리에 있었다. 사냥을 자주 다녀 숲길을 훤히 알고 있는 안중근은 쉽게 적진에 다다랐다.

안중근과 일행은 숲에 엎드려 적진을 살폈다. 사방에 횃불을 피워 놓아 주위는 대낮같이 환했고, 깃발이 바람에 나부끼고

*자명 : 저절로 드러나 분명함.

있었다. 막 잠에서 깨어난 사람들이 웅성거리는 소리, 말들이 히힝거리는 소리들이 어지럽게 들렸다.

'아직 잠이 덜 깨서 그런지 질서가 잡혀 있지 않군.'

안중근이 일행들을 돌아보며 말했다.

"지금이 기회입니다. 기습합시다."

그러자 사람들이 반대하고 나섰다.

"아니, 얼마 안 되는 수로 어떻게 저 많은 적을 당해 낼 수 있겠소?"

"그렇지 않습니다. 병법에 '적을 알고 나를 알면 백 번 싸워 백 번 이긴다.'고 나와 있지 않습니까? 적들을 보니 숫자만 많지 오합지졸입니다. 우리 일곱 사람이 힘을 모으면 백만 명이라도 겁날 것 없습니다. 아직 날이 밝지 않았으니, 우리가 기습적으로 공격하면 이길 수 있습니다. 망설이지 말고 내 작전에 따라 주십시오."

안중근의 자신만만한 태도에 사람들은 용기를 얻었다.

"좋소!"

동지들이 결의에 찬 목소리로 말을 하자 안중근이 큰 소리로 외쳤다.

"돌격!"

그 소리에 맞춰 일곱 명은 적진을 향해 총을 쏘면서 고함을 지르며 돌진해 나갔다. 총소리와 고함 소리가 골짜기를 울렸다.

생각지도 못한 공격에 동학군은 당황해했다. 미처 갑옷도 입지 못하고 총도 챙기지 못한 채 갈팡질팡하며 산과 들로 흩어져 달아났다.

안중근 일행은 여세를 몰아 계속 적들을 쫓아갔다.

이윽고 동이 텄다. 동학군은 그제야 안중근 일행이 몇 명 안 되는 줄 알아차렸다.

전열을 가다듬은 동학군이 사방을 에워싸며 안중근 일행을 공격해 왔다. 이제 다급해진 것은 안중근 일행이었다.

"안 되겠소. 달아납시다!"

안중근이 소리치자 다른 병사들도 뒤돌아 뛰기 시작했다. 하지만 얼마 못 가 포위당하고 말았다. 빠져나갈 곳을 찾았지만 길이 없었다. 포위망은 점점 좁혀져 왔다.

'이대로 죽을지도 모르겠다.'

그때였다. 뒤에서 포성이 크게 울리며 군사들이 공격해 왔다. 아버지가 남아 있던 나머지 군사들을 이끌고 온 것이었다. 동학군은 다시 달아나기 시작했다. 포위망에서 풀려난 안중근 일행과 아버지가 이끌고 온 군사들은 힘을 합쳐 동학군과 싸웠다. 몇 명 남아 싸우던 동학군 장수들마저 사방으로 흩어져 달아났다.

"와와! 적들이 도망간다!"

안중근 아버지의 군대는 승리의 함성을 질렀다.

동학군이 급히 도망가느라 버리고 간 무기들이 산더미처럼 쌓였다. 말은 수를 헤아리지 못할 만큼 많았고, \*군량만 천여 포대나 되었다. 이 싸움에서 동학군은 수십 명이 다쳤으나 안중근 쪽 병사들은 한 명도 다치지 않았다.

그 뒤, 다른 동학군이 공격해 오려고 했다. 하지만 청계동의 수비가 워낙 막강하다는 소문 탓인지 더 이상 싸움은 없었다.

전투가 끝난 뒤 안중근은 병에 걸려 두서너 달을 앓은 다음에야 겨우 일어날 수 있었다.

 **김구와 안중근의 인연**

안중근과 김구(1876~1949)의 인연은 동학 농민 운동 때 시작되었다. 동학 농민 운동 때 19세 청년이었던 김구는 황해도 지역 동학군의 우두머리로서 해주성 공략 작전에 참전했지만, 일본군의 신식 무기를 당해 내지 못해 패한 후 인근 패엽사라는 절에 피신해 있었다.

\***군량**: 군대의 양식.

이때 동학군 토벌에 나선 안중근의 아버지 안태훈은 일찍이 김구의 사람됨을 알아보고, '군(君)이 나이 어리지만 대담한 인품을 지닌 것을 사랑하여 토벌하지 않을 터이지만, 군이 만일 청계를 침범하다가 패하게 되면 인재가 아깝다.'며 밀사를 보냈다. 이것이 안중근과 김구의 인연의 첫 출발이다.

그러던 중 김구가 패장의 신세가 되었다. 이에 측근 정덕현이 "안 진사가 밀사를 파견한 뜻은 군사적인 원조나 계략이라기보다는, 나이 어린 형의 담대한 기개를 아낀 것이니 염려치 말고 같이 가자."며 안 진사를 만나 볼 것을 권유했다. 고민하던 김구는 그의 권유를 받아들여 청계동으로 안 진사를 찾아갔다.

청계동에서 김구는 안 진사의 여섯 형제와 세 아들을 만나 이들과도 가까이 지냈는데, 훗날 김구는 《백범일지》에 안중근에 대한 인상을 이렇게 적었다.

'진사는 아들이 셋 있었는데, 맏아들은 중근으로, 나이는 열여섯이었다. 상투를 틀었고, 자색 명주 수건으로 머리를 동이고서 총을 메고 날마다 사냥을 다녔다. 중근은 기상이 뛰어나고 재기가 넘쳐 여러 군인들 중에도 사격술이 제일로, 나는 새와 달리는 짐승을 백발백중으로 맞히는 재주가 있었다. 삼촌들이 늘 동행했는데, 어떤 때는 하루에 노루와 고라니 등을 여러 마리 잡아 와 그것으로 군사들을 위로하기도 하였다.'

1909년 10월 26일 안중근이 하얼빈에서 이토 히로부미를 처단한 후, 김구는 청계동 시절 안중근과의 인연 때문에 공범자로 지목되어 잡히게 되었다. 그러나 해주 재판소로 이송된 그는 최종 '혐의 없음'으로 불기소 처분을 받고 한 달여 만에 풀려났다.

나중에 안중근의 동생들과 조카들이 임시 정부에서 김구의 측근으로 활동했고, 안중근의 조카 미생이 김구의 맏며느리가 되었다.

### 동학 농민 운동의 후유증

동학군과의 싸움이 끝나고 이듬해 여름, 하루는 낯선 사람 둘이 안중근의 집을 찾아왔다. 손님들은 얼굴빛이 무척 어두웠다.

"안 진사를 만나러 왔소."

아버지를 만난 손님들은 우물쭈물하면서 무슨 말을 할 듯했다. 그러고는 서로 얼굴을 마주 보더니 이내 입을 다물었다. 그들의 얼굴 표정에서 이상한 낌새를 느낀 안중근의 아버지가 먼저 말을 꺼냈다.

"무슨 하실 말씀이라도 있습니까?"

그러자 그중 한 사람이 말문을 열었다.

"안 진사, 지난 동학란 때 안 진사께서 동학당을 진압하셨지요?"

"그렇소만, 그게 뭐 잘못됐습니까?"

"그게 아니라 동학당의 황해도 접주 원용일이 잡혔습니다."

"아, 그래요? 그거 잘되었네요."

"그런데 그때 동학군과 싸워 얻은 곡식은 동학군 것이 아니라 본래 어윤중 대감과 민영준 대감의 것이오. 그러니 돌려주셔야겠습니다."

어윤중과 민영준은 권력을 마음대로 휘둘러 재산을 모은 탐관오리들이었다. 안중근의 아버지는 웃으면서 말하였다.

"우리는 목숨을 걸고 나라를 위해 동학군과 싸웠소. 그래서 생긴 *노획물인데 그걸 돌려 달라니 말이 됩니까? 그리고, 그 쌀이 어윤중과 민영준의 쌀이라는 증거가 있소?"

"원용일이 자백했소. 자기네들이 작년에 전쟁에 져서 군량미 천여 석을 청계동에 빼앗겼다고 했습니다. 그런데 그 곡식 중

*노획물 : 전쟁에 이기고 얻은 물건.

절반은 어윤중 대감이 사 두었던 것이고, 나머지 절반은 민영준 대감이 농장에서 추수해 들인 곡식이라고 합니다. 그러니 지체하지 마시고 그대로 돌려주십시오."

두 사람은 계속 엉뚱한 말로 둘러대면서 억지를 부렸다. 안중근의 아버지는 단호하게 거절했다.

"그건 당연히 목숨을 바쳐 싸운 의병들 것이라 이미 그들에게 나누어 주었소. 그러니 다시는 그런 무리한 말을 하지 마시오."

두 사람은 결국 아무 대답도 하지 못하고 돌아갔다.

며칠 뒤, 서울에서 아버지와 평소 잘 아는 사이인 김종한이 편지를 보내왔다.

"어윤중과 민영준 두 사람이 잃어버린 곡식 포대를 찾을 욕심으로 임금께 안 진사를 모함하는 상소를 올렸소. 안 진사가 나라의 재산인 쌀 1천여 포대를 도둑질해 병사들을 길러 음모를 꾸미고 있으니 만일 군대를 보내 진압하지 않으면 큰일 난다는 내용이라고 하오. 빨리 서울로 와서 대책을 세우시오."

안중근의 아버지는 곧장 서울로 갔다. 사태가 심각하다는 걸 깨달은 아버지는 김종한과 의논해 재판에 부치기로 했다. 그러나 세력가인 어윤중에게 매수당한 관리들이 세 차례나 재판을 미룬 채 판결을 해 주지 않았다.

김종한이 정부에 탄원도 해 보았다.

"안태훈은 본래 도적도 아닐뿐더러 오히려 동학군을 무찔러 국가에 큰 공을 세웠습니다. 마땅히 공을 표창해야 하거늘 도리어 당치도 않은 말로 이렇게 모함할 수 있습니까?"

그러나 어윤중은 끝내 들어주지 않았다.

그런데 기고만장하던 어윤중이 친일파로 몰려 길거리에서 백성들의 돌에 맞아 죽는 일이 발생했다.

그래서 이제 한시름 놓나 싶었는데, 이번에는 민영준이 다시 재산을 돌려 달라고 협박했다. 그 역시 세도가 높은 벼슬아치라 자신의 권력을 이용해 안중근의 아버지를 해치려 들었다.

"독사가 물러나자 맹수가 나오는 격이군."

하는 수 없이 안중근의 아버지는 프랑스 신부가 있는 천주교 성당으로 몸을 피했다. 외국 신부가 있는 곳이라 민영준도 어쩌지를 못했다. 안중근의 아버지는 그곳에서 몇 달 동안 숨어 지냈다. 아버지는 그때 프랑스 신부로부터 천주교에 대해 이야기를 듣고 천주교를 처음 접했다.

몇 달이 지나자 민영준도 결국 포기하였고, 안중근의 아버지는 집으로 무사히 돌아올 수 있었다. 그때 안중근의 아버지는 천주교를 전파하고자 많은 성격책과 함께 선교사를 데리고 왔다.

## 불의를 보면 참지 못하는 청년

### 천주교 신자가 되다

청계동으로 돌아온 안중근의 아버지는 사람들에게 천주교를 전파하였다. 안중근의 가족들도 모두 천주교를 믿게 되었다. 안중근은 프랑스 선교사인 홍석구(프랑스 이름은 조셉 빌렘) 신부로부터 영세를 받고 세례명을 도마(토마스)라고 하였다. 열아홉 살 때이다.

안중근은 성경 공부를 열심히 하여 신앙심이 아주 깊어졌다. 그리고 홍 신부와 함께 천주교를 알리려고 해주와 옹진 등 황해도 지방 여러 곳을 다니기도 했다.

안중근은 가는 곳마다 사람들을 모아 놓고 설교를 하였다.

"동포 여러분! 내 말을 들어 보십시오. 만일 누군가 혼자서만 맛있는 음식을 먹고 그것을 가족들에게도 나누어 주지 않는다면 그것이 과연 옳은 일일까요? 또 재주를 가지고 있으면서 남을 가르치지 않는다면 그것은 과연 옳은 일일까요? 내가 하늘에 통하는 신기한 재주가 있는데 여러분께 가르쳐 드리려 하니 귀를 기울이고 들어 주십시오."

안중근은 사람들을 향해 천주교에 대해 아주 쉽고 찬찬히 설명해 나갔다.

"사람이 만일 영혼이 없다고 하면, 짐승만도 못할 것입니다. 하고많은 동물들이 사람들의 지배를 받는 것은 영혼이 없기 때문입니다. 그러므로 영혼의 귀중함은 말로 다 할 수 없습니다. 영혼은 누가 주는 것입니까? 그건 바로 천주님이 주시는 것입니다."

처음에 시큰둥하던 사람들이 점차 안중근의 말에 귀를 기울이기 시작했다.

"천주님은 지극히 공정하여 착한 일에 상을 주지 않는 일이 없고, 악한 일에 벌을 주지 않는 일이 없습니다. 그리고 몸이 죽는 날에 공과 죄의 심판을 내립니다. 착한 이는 영혼이 천당에 올라가 영원무궁한 즐거움을 받을 것이요, 악한 자는 영혼이 지옥으로 떨어져 영원히 다함없는 고통을 받게 되는 것입니다."

안중근의 설교에 많은 사람들이 고개를 끄덕였다.

"원컨대 우리 대한의 모든 동포, 형제자매들은 크게 깨닫고 용기를 내어 지난날의 허물을 깊이 참회하고 천주님의 의로운 자식이 되어 도덕적인 시대를 만들어 태평을 누리다가 천당에 올라 상을 받기를 바랍니다."

안중근이 설교를 마치자 사람들은 우레와 같은 박수를 보냈다. 물론 어떤 사람들은 믿을 수 없다고 중간에 자리를 뜨기도 했다.

아버지와 안중근의 노력으로 교인이 수만 명으로 늘어났다. 황해도에 선교사도 여덟 명이나 되었다. 청계동에 성당도 세워졌다. 이는 황해도에서 두 번째 있는 일이었다.

사람들에게 설교를 다니면서 안중근은 아주 중요한 사실을 깨달았다. 백성들에게 교육이 필요하다는 것이었다.

어느 날, 안중근은 홍 신부와 의논을 했다. 그때 안중근은 홍 신부에게 프랑스 어를 몇 달 동안 배우고 있었다.

"지금 조선 교인들은 배우지 못해 교리를 전도하는 데 어려움

이 많습니다. 전도도 이렇게 어려운데, 국가의 앞날을 생각하면 큰 문제가 아닐 수 없습니다. 뮈텔 주교께 건의하여 공부를 많이 한 신부님들을 모시고 와서 대학교를 설립했으면 합니다. 그래서 제자들을 길러 낸다면 수십 년이 지나지 않아 반드시 큰 효과를 볼 것입니다."

홍 신부는 흔쾌히 받아들였다. 둘은 함께 서울로 가 뮈텔 주교를 만났다.

안중근과 홍 신부의 이야기를 들은 주교는 언짢은 투로 이야기를 했다.

"사람들이 학문을 배운다면 천주교를 믿는 데 소홀해질 것이오. 다시는 그런 말을 꺼내지 마시오."

도대체 공부를 하는 것과 하느님을 믿는 것이 무슨 상관이란 말인가. 오히려 공부를 많이 하면 성경도 잘 이해할 수 있고, 그러면 신도도 늘어나지 않겠는가.

안중근은 뮈텔 주교의 말을 이해할 수 없었다.

"사람들이 학문을 배우면 자연히 성경에도 관심을 갖게 되고, 그러면 하느님을 믿는 데 도움이 될 것입니다."

"학문을 많이 한다고 신앙심이 깊어지는 게 아니오."

"신부님, 나라는 점점 기울어 가는데 우리 백성들은 그런 사정을 알지도 못하고 있습니다. 백성들이 공부를 할 수 있도록 배려해 주십시오."

안중근이 두 번, 세 번 부탁했지만 뮈텔 주교는 들어주기는커녕 오히려 버럭 화를 냈다.

"그만하시오. 나가시오."

'외국 사람이라 우리나라 사람들의 사정이야 어떻든 오로지 종교를 퍼뜨리는 데에만 신경 쓰는군.'

안중근은 존경했던 신부가 오로지 종교적 이기심에 사로잡혀 조선 백성들의 현실을 모른 척하는 모습을 보고 배신감을 느꼈다.

고향으로 돌아온 안중근은 분한 마음이 풀리지 않았다.

'성경의 진리는 믿을지언정 외국 사람들의 마음은 믿지 않겠다.'

그리고 홍 신부에게 수개월 동안 배우고 있던 프랑스 어도 더 이상 배우지 않았다.

성경을 함께 공부하던 친구가 안중근에게 물었다.

"프랑스 어를 왜 배우지 않는 건가?"

"일본 말을 배우는 자는 일본의 종이 되고, 영어를 배우는 자는 영국의 종이 된다. 내가 만일 프랑스 말을 계속 배우다가는 프랑스의 종이 될 게 틀림없어. 그래서 그만둔 거야. 만일 우리 조선이 세계에 위력을 떨친다면 세계 사람들이 우리말을 통용할 것이니 자넨 조금도 걱정 말게."

안중근의 말에 친구는 더 이상 대꾸를 하지 못했다.

우리나라 사정을 외면한 주교와 신부들을 믿지는 않았지만,

### 실학사상과 천주교

조선 후기, 실학자들은 사회의 모순을 극복하고 새로운 사회를 만들고자 했다. 그래서 그들은 천주교를 서학(서양의 학문)이라고 하여 선진 문물의 일부로 받아들이고 연구하였다. 그중 일부 문인은 천주교를 신앙으로 받아들여 믿기 시작했다. 대표적 인물로 이가환, 최초의 세례자 이승훈, 정약용 형제와 최초의 신부인 김대건이 있다. 이후 천주교는 기술자, 통역관 등 중인층을 중심으로 교세가 확장되었다. 이는 조선 왕조의 질서가 세도 정치로 문란해지면서 사람들은 새로운 사회를 원하게 되었고, 인간 평등과 존엄을 통한 사회 개혁 의지를 담고 있는 천주교 사상이 그런 기대를 충족시켜 준다고 믿었기 때문이다.

천주교가 널리 퍼지면서 이들 신자들은 전통적 관습인 조상을 받드는 제례 의식을 거부하는 등 유교 사상과 충돌하여 문제가 되었다. 더욱이 만민 평등의 사상은 양반 중심의 사회 질서에 반하여 지배자의 입장에서는 이를 받아들일 수가 없었다. 따라서 천주교를 사교로 규정하여 이들을 박해했다.

그러나 강화도 조약 체결 이후 천주교에 대한 경계가 다소 누그러져 많은 신부들이 입국하였으며, 1886년에 체결된 조선과 프랑스 수호 조약 이후 천주교 신부들은 선교의 자유를 보장받게 되었다.

안중근의 신앙심만은 변함없었다.

또 신앙을 통해 사회와 역사에 더욱 책임감을 느끼기 시작했다.

### 백성의 재산을 빼앗은 관리를 혼내 주다

천주교를 알리러 다니면서 안중근은 백성들이 얼마나 고통받는지 뼈저리게 느꼈다. 벼슬아치들은 백성들의 재물을 가로채고, 남의 아내를 빼앗는 일도 서슴지 않았다. 나라가 어지러우니 그 틈을 타 권력을 이용해 힘없는 백성들을 마음대로 괴롭히는 것이었다. 그래도 백성들은 고스란히 당해야만 했다. 법에 호소할 방법도 모르고, 호소해 보았자 해결이 된다는 보장도 없었다.

안중근은 어릴 적부터 번개 입이라는 별명을 얻을 정도로 부당한 일을 보면 참지 못하고, 솔직하고 당당하게 따지고 들었다. 그가 그런 일을 당하는 백성들을 보고 가만히 있을 리 없었다.

한번은 옹진군에 사는 한 교인이 서울에 사는 김중환이라는 사람에게 돈 5천 냥을 빼앗겼다고 호소를 했다. 김중환은 참판 벼슬을 지낸 자였다.

그 소리를 듣자마자 안중근은 서울로 김중환을 찾아갔다.

김중환의 집에는 손님들이 들끓었다. 안중근은 주인에게 자신을 소개한 뒤 손님들이 가득 앉아 있는 방 안 한구석에 자리를 잡았다.

김중환이 물었다.

"젊은이는 무슨 일로 찾아왔는가?"

"나는 시골 사는 백성으로 세상의 규칙이나 법률은 잘 모릅니다. 그래서 대감에게 문의하러 왔습니다."

안중근의 말에 김중환이 얼굴을 찡그리며 귀찮다는 듯 툭 말을 던졌다.

"물어보게."

"만일 한성에 있는 관리가 시골 백성의 재산 몇천 냥을 억지로 빼앗고 돌려주지 않는다면, 그것은 무슨 법으로 다스려야 합니까?"

김중환의 낯빛이 확 어두워졌다. 안중근이 그의 눈을 날카롭게 응시했다.

한참이나 잠자코 있던 김중환이 입을 열었다.

"혹 그게 내 이야기요?"

"그렇습니다. 대감께서는 무슨 이유로 남의 재산을 억지로 빼앗고는 갚아 주지 않는 겁니까?"

방 안에 모인 사람들이 술렁이며 서로 얼굴을 쳐다보았다. 젊디젊은 청년이 참판 벼슬까지 지낸 사람의 집에서 어찌나 당당하게 따지는지, 혹 무슨 일을 당하지나 않을까 두려워한 것이다.

그러나 안중근은 꼿꼿한 태도로 김중환의 입만 빤히 바라보고 있었다.

김중환은 방 안에 있는 사람들의 시선을 의식한 듯 헛기침을 하더니 더듬거리며 말했다.

"헛, 흐음, 그러니까…… 저, 그게…… 빼, 빼앗은 게 아니고 빌린 돈이라네."

"그럼 당장 갚으십시오."

"지금 당장은 돈이 없어 못 갚네. 뒷날 갚도록 하지."

"그럴 수 없습니다. 이처럼 고래 등 같은 집에 온갖 좋은 물건들은 다 갖추고 사시는 분이 오천 냥이 없다고 하면 누가 믿겠습니까?"

차돌같이 단단한 안중근의 말투에 상대방은 움찔했다.

그때 옆에서 듣고 있던 사람이 큰 소리로 안중근을 꾸짖었다.

"김 참판께서는 연세가 높고 지체 높은 양반인데, 한낱 시골 백성이 뉘 앞이라고 그렇게 불손하게 구는가?"

안중근이 빙그레 웃으며 말했다.

"그러시는 공은 누구십니까?"

"난 한성부 재판소 검사관 정명섭이네."

그러자 안중근이 그를 빤히 바라보며 말했다.

"공은 옛글도 읽지 않았습니까? 예로부터 어진 임금과 훌륭한 재상은 백성을 하늘처럼 알았고, 어두운 임금과 탐관오리들은 백성을 밥으로 여겼습니다. 백성이 부자가 되면 나라도 부유해지고, 백성이 약하면 나라도 약해지는 것입니다. 이처럼 어지러운 때일수록 신하들은 임금을 잘 받들고 백성을 돌보아야 하거늘, 오히려 재산이나 빼앗으니 어찌 국가의 앞날이 한탄스럽지 않습니까? 공이 마침 재판소의 검사관이라니, 어디 한번 따져 봅시다."

그러자 정명섭은 머쓱해져 아무 말도 하지 못했다.

"두 사람이 그럴 것 없네. 내가 며칠 후에 오천 냥을 갚을 테니 그만 물러나 주게."

김중환이 네다섯 번이나 애걸하며 말했다. 안중근은 언제까지 갚으라는 날짜를 정해 주고 청계동으로 돌아왔다.

### 일본 사람의 행패에 맞선 안중근

어느 날, 안중근은 신도들이 모인 자리에서 홍 신부를 비판했다. 홍 신부는 종종 신부로서의 품위를 잃는 행동을 하거나 일반 신도들을 무시하는 태도를 보였다. 외국인 신부로서 자신이 조선인보다 우월하다는 의식에서 비롯되었던 것이다.

"하느님께서는 모든 사람은 평등하다고 말씀하십니다. 그런데 신부님은 평신도들을 얕보는 행동을 할 때가 있습니다. 이는 거룩한 교회 안에서 있을 수 없는 일입니다. 신부님이 태도를 바꾸지 않으면 주교님에게 청원을 하겠습니다. 만일 주교님도 들어주지 않으면 로마 교황청에 알려서라도 기어이 이런 잘못은 없어져야 합니다."

이 말을 전해 들은 홍 신부가 안중근을 찾아와 크게 화를 냈다. 그래도 분을 삭이지 못해 안중근에게 손찌검까지 했다. 안중근은 모욕을 느꼈다. 하지만 홍 신부가 누구인가. 군량미 사건으로 집안이 어려움에 빠졌을 때 이를 해결해 준 분이었다. 새로운 지식과 문화를 가르쳐 주었고, 가족들이 천주교 신앙을 믿도록 해 주었다. 안중근도 분하고 화가 났지만 꾹 참았다.

나중에 화를 가라앉힌 홍 신부가 안중근을 불렀다.

"내가 자네에게 화를 낸 것은 정말 회개하네. 용서해 주게."

홍 신부가 사과하자 안중근은 흔쾌히 받아들였다. 둘은 예전처럼 다시 좋은 관계를 유지했다.

안중근은 우리 민족에게 함부로 하는 외국인이면 아무리 종교인이라도 단호하게 지적했다.

1898년 3월, 안중근은 서울에서 동지 몇 사람과 함께 거리를 산책하고 있었다. 때마침 한 사람이 말을 타고 지나가고 있었다. 그런데 갑자기 어떤 일본인이 다짜고짜 \*한국 사람의 옷자락을 잡아당기는 것이었다. 순식간에 한국 사람은 말에서 떨어지고 말았다. 엉겁결에 당한 일이라 한국 사람이 미처 몸을 추스르지 못하고 있었다. 일본인은 아무렇지도 않은 듯 말고삐를 움켜쥐었다.

그 광경을 바라보던 안중근은 피가 거꾸로 솟는 느낌이었다. 환한 대낮에 길거리에서 이런 어처구니없는 행동을 버젓이 하다니!

그것은 일본인들이 우리나라 사람들의 민심을 떠보려는 짓이었다. 당시 우리나라에 들어와 있던 일본인들은 장사꾼이든 노동자든, 약장수든 모두 정탐꾼 노릇을 했다. 비밀리에 정세를 탐지하여 정치인들에게 정보를 제공했던 것이다.

안중근은 번개처럼 몸을 움직여 일본인의 멱살을 잡았다. 그

\***한국** : 조선은 고종 34년(1897)에 국호를 새로 대한 제국으로 하고, 왕을 황제라고 했다. 따라서 이때부터는 조선을 한국이라고 썼다.

리고 큰 소리로 호통을 쳤다.

"나쁜 놈! 감히 어디라고 도적질 행태냐! 어서 말 주인에게 말을 돌려주어라. 만일 그렇게 하지 않으면 죽여 버릴 테다!"

안중근의 눈에는 불꽃이 튀었다. 안중근의 손에 멱살을 잡힌 일본인은 발버둥을 쳤다. 주변에 일본 사람들이 많았지만 누구 하나 감히 나서지 못했다.

"저 젊은이 기백 좀 보게. 정말 대단하군."

"눈빛이 마치 성난 호랑이 같아. 도대체 누군지 궁금하군."

"그러게. 저 왜놈 좀 봐. 꼼짝도 못하는구먼."

한국 사람들이 웅성대며 안중근의 행동을 보고 쾌재를 불렀다.

"잘, 잘, 잘못했습니다. 돌려주겠습니다."

겁에 질린 일본인이 숨이 막히는지 컥컥거리며 빌었다.

"좋아! 당장 돌려줘!"

그제야 안중근은 멱살을 잡았던 손을 풀었다.

일본인은 재빨리 도망쳤다. 구경하던 일본인들도 뒷걸음질치며 흩어졌다.

"정말 장하오, 장해! 속이 다 후련하오."

"젊은이, 십 년 묵은 체증이 다 내려가는 기분이오."

한국 사람들은 안중근에게 박수를 보냈다.

안중근은 고통당하는 동포의 일이라면 물불을 가리지 않았다. 또한 가난한 사람이 있으면 재산을 다 털어서라도 도와주려 하였다.

# 학교를 세워 인재 양성

## 기울어져 가는 나라의 운명

날이 갈수록 나라는 마치 침몰하는 배와 같았다. 남의 나라의 손에 좌지우지되었다. 임금은 임금이 아니었고, 신하도 신하가 아니었다. 우리나라에서 청나라를 몰아낸 일본은 조선을 당장이라도 손아귀에 넣으려고 했지만 뜻대로 되지 않았다. 고종의 왕비인 명성 황후가 러시아와 손을 잡고 궁궐 안의 친일파들을 몰아낸 것이다. 일본에는 명성 황후가 눈엣가시였다.

1895년 10월 8일 새벽, 일본은 결국 일을 저지르고 말았다. 일

**명성 황후** 고종의 비였던 명성 황후는 친러시아 정책을 수행하다가 일본에 의해 피살되었다. 이 사건을 을미사변이라고도 한다.

본 공사 미우라가 술 취한 낭인(건달)들을 데리고 경복궁을 급습하여 명성 황후를 죽이고 시체를 불태워 버린 것이다. 이후 친일파들이 정권을 잡고 단발령을 내리는 등 개혁을 했다. 일본의 침략 속셈이 고스란히 드러난 것이다. 백성들은 분개했고, 전국에서 의병이 들불처럼 일어났다.

그러자 러시아는 자국의 공사관을 보호한다는 구실로 군대를 이끌고 와 *친러파 정권을 성립시키고, 만주 지역에서 점차 세력을 넓히는 등 남하 정책을 추진하였다.

러시아의 남하 정책에 위기를 느낀 일본은 초조해졌다. 일본은 영국과 동맹을 맺고 러시아에 대응하고자 했다.

마침내 1904년 2월 일본과 러시아는 전쟁을 선포했다. 이것이 러일 전쟁이다. 이때 일본은 재빨리 우리나라의 독립을 보장하고 영토를 지킬 테니 전쟁에 필요한 땅을 내놓고, 군사들에게 편의를 제공하라는 조약을 강제로 맺게 했다. 이 조약에는 일

*친러파 : 이범진, 이용익, 이완용 등 러시아와 손잡은 정치인.

본이 우리나라를 침략하고자 하는 목적이 있었다.

하지만 많은 사람들은 우리의 영토와 독립을 보장하겠다는 일본의 약속을 믿었다. 안중근도 마찬가지였다. 안중근은 만주 일대를 점령하고, 뤼순을 군항으로 삼아 한반도를 위협하고 있는 러시아가 가장 위험하다고 생각했다. 대한 제국이 스스로

 **명성 황후(1851~1895) 시해 사건**

청일 전쟁에서 승리한 일본은 조선 내에서 세력을 확장하기 위해 친일 내각을 만들고, 강압적으로 내정 개혁을 추진했다. 이에 반발한 조선 정부는 친일 세력의 확장을 막기 위해 어윤중, 김가진을 면직시키고, 친러파인 이범진, 이완용을 기용하였다. 그리고 러시아 공사 베베르와 손을 잡고 친일 세력을 완전히 제거하기 위하여, 1895년 9월 6일 왕비 시해 음모 혐의로 전 내무 대신 박영효를 축출하였다.

조선 정부는 일본의 강압에 따라 제정한 새로운 제도를 옛날 제도로 복구하고, 일본인 교관이 훈련시킨 2개 대대의 훈련대도 해산하고자 하였다.

조선 내에서 점차 세력을 잃어 가는 것에 불안을 느낀 일본은 조선 침략에 걸림돌이 되는 명성 황후를 시해하기로 계획을 세웠다.

1895년 음력 8월 20일(양력 10월 8일) 조선 주재 일본 공사 미우라 고로는 일본 낭인들을 이끌고 경복궁을 난입했다. 흉도들은 대신들과 궁녀들을 마구잡이로 살해한 다음, 왕비의 침실에 난입하여 왕비를 살해하고, 시체에 석유를 뿌려 불사른 뒤 뒷산에 묻었다. 이 사건이 알려지사 나라 안에서는 항일 의병 활동이 대대적으로 일어났고, 일본의 조선 식민지화 계획은 잠시 주춤하게 되었다.

러시아의 남하를 막기는 어렵다고 보았기 때문에 일본이 우리를 대신해 싸우는 줄로만 알았다.

러일 전쟁이 시작되자 대한 제국 정부는 중립을 선언하였다. 그러나 일본, 러시아 두 나라는 이를 무시하고 전쟁을 시작했다.

일본은 러일 전쟁을 핑계로 우리나라에 군대를 들여와 침략의 발판을 마련했다.

그제야 안중근은 일본의 야욕을 꿰뚫어 보았다.

하루는 홍 신부가 한탄하면서 말하였다.

"한국이 장차 위태로워질 것 같다."

"왜 그렇게 생각하십니까?"

"러시아가 이기면 러시아가 한국의 지배를 주장하게 될 것이고, 일본이 이기면 일본이 한국을 차지하려고 할 것이 아니겠나?"

날마다 신문과 잡지를 읽으면서 각 나라의 정세를 파악하고 있었던 안중근도 홍 신부의 말에 고개를 끄덕이며 말했다.

"저는 사실 일본이 우리를 도우려고 하는 줄 알았습니다. 그런데 가만히 보니 러시아와 전쟁을 하려는 것이 우리를 완전히 집어삼키려는 술책입니다. 대륙 침략의 발판으로 삼으려는 것이지요!"

일본은 침략 야욕을 점점 더 노골적으로 드러냈다. 한국에 온 일본인들의 횡포는 점점 더 심해졌다. 러시아의 침략을 걱정해 일본을 옹호하던 많은 사람들이 일본의 야욕을 그제야 알게 되었다.

1904년 7월 일본의 침략에 대응해 '보안회'라는 단체가 만들어졌다.

안중근은 보안회가 만들어진 뜻에 동참하고 회원이 되기 위해 서울로 가 보안회 사무실을 방문했다.

"난 황해도 해주에 사는 안중근이오. 보안회 회원이 되고자 왔소. 보안회의 뜻에 적극 찬성하는 바이오. 나에겐 뜻을 같이 하는 동지 50명이 있소. 우리나라를 침략한 일제 침략자들을 처단합시다."

안중근의 말에 보안회 간부들은 들은 체 만 체 하였다. 아마도 어린 시골 청년의 말이라 무시했던 모양이었다. 안중근은 크게 실망했다.

"좋아. 혼자서라도 목숨을 바쳐 일제 침략자들을 처단하고야 말겠다."

안중근은 주먹을 불끈 쥐고 결심했다.

한편 막강한 러시아의 힘에 밀려 힘겨운 싸움을 하던 일본은 뤼순에서 러시아를 물리쳐 전쟁을 승리로 이끌었다.

전쟁이 끝난 후, 일본은 미국과 영국, 러시아로부터 한국 지배를 공식적으로 인정받았다. 청일 전쟁 때 청나라에 이기고도 프랑스, 독일, 러시아의 간섭으로 이권을 챙기지 못했기 때문에 이번에는 확실히 한 것이다. 그 대신 일본은 미국이 필리핀, 영국이 청나라 시장을 지배하는 것을 인정하기로 했다.

1905년 이토 히로부미는 군대를 끌고 와 왕궁을 포위하고는 몇몇 친일파들과 짜고 황제와 신하를 협박해 을사늑약(을사조약)을 맺었다.

일본은 우리나라에 통감부를 설치하고, 외교권을 박탈하였다. 대한 제국은 나라의 독립성을 완전히 빼앗기게 되고 말았다.

이토 히로부미는 초대 통감이 되어 강제로 우리나라를 다스

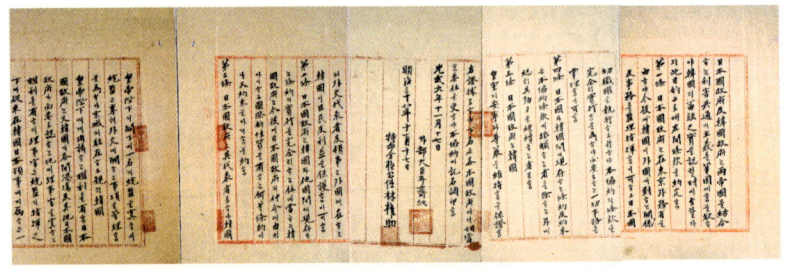

**을사늑약 원문** 일본이 한국의 외교권을 빼앗기 위하여 강제적으로 맺은 조약. 고종 황제가 끝까지 허가하지 않았기 때문에 무효인 조약이다.

리기 시작했다.

전국은 들끓기 시작했다. 선비들은 울분을 참지 못해 목숨을 스스로 끊었고, 온 나라 백성들이 의병을 일으켰다.

### 을사늑약의 비분을 삭이며

을사늑약으로 나라가 일본의 지배를 받게 되었다는 소식은 청계동에도 전해졌다. 27세 청년 안중근은 분노에 치를 떨었

 **을사늑약**

1905년 11월 일본이 한국의 외교권을 빼앗기 위하여 강제로 위협하여 맺은 불평등 조약이다. 늑약이란 억지로 맺은 불평등 조약을 뜻한다.
외교권 접수, 통감부 설치 등을 규정한 이 조약문에 많은 대신들이 반대하였으나 이완용, 이지용, 박제순, 이근택, 권중현 등 5명의 대신들이 조약에 찬성하는 바람에 을사늑약이 체결되었다. 그래서 이들을 을사오적이라고 부른다.
이로써 한국은 외교권을 박탈당했고, 1906년 2월 서울에 통감부가 설치되었다. 초대 통감으로 부임한 이토 히로부미는 본래 규정인 외교 사무뿐만 아니라 내정 전반에 걸치는 명령·집행권도 행사하였다.
늑약의 강제 체결 소식이 전해지자, 장지연은 11월 20일자 〈황성신문〉에 논설 '시일야방성대곡'을 발표하였고, 전국적인 반일 운동과 늑약 반대 투쟁이 잇따랐으며, 을사오적에 대한 직접 신변 공격도 일어났다.

다. 안중근은 아버지에게 말하였다.

"아버지, 일본과 러시아가 전쟁을 시작했을 때, 일본은 전쟁을 선포하는 글에서 동양의 평화를 유지하고, 한국의 독립을 굳건히 지킨다고 약속했습니다. 그러나 일본은 그런 약속은 지키지 않고 조선을 집어삼킬 책략을 자행하고 있습니다. 이것이 다 이토 히로부미가 꾸민 일입니다. 전에 왕비를 시해한 것도 그자가 꾸민 일이지요."

오랫동안 병을 앓아 온 안중근의 아버지는 을사늑약의 소식을 전해 듣고 울분을 삭이지 못해 더욱 병이 깊어졌다. 아버지는 안중근의 말을 듣고만 있었다.

"우리 강토를 삼키겠다는 것이 저들의 의도입니다. 빨리 대책을 세우지 않으면 큰 화를 면하기 어려울 것입니다."

안중근의 아버지가 말문을 열었다.

"우리는 힘이 없다. 변변한 무기 없이 설불리 일본과 싸웠다가는 괜한 목숨만 잃을 것이다."

안중근은 울분을 삼켰다. 몇 해 전부터 병이 들어 몸이 약해진 아버지와 수십 명의 가족들을 생각하자 아버지의 말대로 설불리 움직일 수 없었다.

"아버님, 제가 듣기로 청나라의 산둥과 상하이에는 한국 사람이 많이 살고 있다고 합니다. 그럼 먼저 가족을 그리로 옮겨 안정시키고 난 뒤 일본과 싸우는 것이 어떻겠습니까?"

"그게 좋겠구나."

"그럼 제가 먼저 그곳으로 가서 형편을 살피고 오겠습니다. 아버님께서는 몰래 짐을 꾸린 뒤 식구들과 진남포로 가서 기다리고 계십시오. 저도 그곳으로 가겠습니다."

"그래, 그렇게 하도록 하자."

얼마 뒤, 안중근은 중국으로 떠났다. 가족이 망명하여 독립운동을 전개할 곳을 찾기 위해서였다. 안중근은 산둥 지역을 두루 다녀 본 뒤에, 상하이에 도착했다. 상하이는 국제 무역의 중심지로 세계 각국의 상인들과 외교관들이 드나드는 도시였다. 때문에 우리나라 사정을 세계에 알리고 국제 정보를 수집하는 데 유리한 곳이었다. 많은 한국인들이 이주하여 터를 닦고 살고 있었다.

안중근은 우선 한국인이 사는 곳을 찾아 동포들을 만났다. 그리고 망해 가는 고국의 소식을 전하고는 함께 나라를 찾기 위해 일어서자고 설득했다. 하지만 대부분의 동포들은 별로 관심을 보이지 않았다. 안중근은 크게 실망했지만 동포들을 만나러 다니는 것을 포기하지 않았다.

안중근은 한때 대신을 지낸 민영익을 찾아갔다. 러일 전쟁 뒤에 상하이로 건너가 그곳에서 부유한 생활을 하고 있었다.

그 집을 찾아갔더니 문지기가 앞을 가로막으며 말했다.

"대감은 한국인을 만나지 않소."

안중근은 이상하다고 생각하여 그날은 그냥 돌아왔다.

이튿날 다시 찾아갔다. 역시 마찬가지였다. 두세 번 더 찾아갔지만 끝내 만나 주지 않았다. 화가 난 안중근은 집 안에다 대고 소리쳤다.

"당신도 한국 사람이면서 한국 사람을 만나지 않겠다니, 도대체 당신은 어느 나라 사람을 만난다는 것이오? 더욱이 나라의 녹을 먹은 신하가 이처럼 어려운 때에 동포들을 돌보지 않고 베개를 높이 베고 편안히 누워 있으니, 세상에 있을 수 있는 일이오? 오늘날 나라가 위태로워진 것은 당신 같은 신하들 때문이오."

한참 그렇게 비난을 퍼붓고는 돌아와 다시는 찾지 않았다.

'나라는 남의 손에 넘어가고 있는데 신하라는 사람들이 외국에서 제 살 궁리만 하고 있구나.'

안중근은 한숨이 절로 나왔다.

며칠 뒤, 안중근은 서상근이라는 제법 부유한 상인을 찾아갔다.

"지금 나라가 무척 위태롭습니다. 무슨 대책이 없습니까?"

안중근의 말에 서상근이 손사래를 치며 말했다.

"나랏일은 나한테 말도 꺼내지 마시오. 난 엄청난 재산을 정부 관리에게 빼앗기고 몸을 피해 여기 와 있소. 그런데 나라 정치가 나와 무슨 상관이란 말이오? 나는 일개 장사치일 뿐이오."

"그건 하나만 알고 둘은 모르는 소리오. 백성이 없다면 나라가 어떻게 있겠소? 나라는 몇몇 관리들의 것이 아니라 이천만 민족의 것이오. 백성이 도리를 다하지 않고 어떻게 권리와 자유를 누릴 수 있겠소?"

"그 말이 맞긴 하지만, 나는 장사해서 입에 풀칠만 하면 그만이오. 정치 이야기는 하지 마시오."

몇 차례 더 그를 설득했지만 쇠귀에 경 읽기였다.

'모두 제 살 궁리만 하고 있으니 나라의 앞날이 정말 걱정이다.'

여관으로 돌아온 안중근은 막막했다.

'과연 이 먼 곳으로 가족을 데리고 와야 할까? 여기서 나라를 위해 일할 수 있을까?'

이런저런 생각에 안중근은 돌을 얹은 듯 가슴이 무거웠다.

### 곽 신부의 충고

어느 날 아침, 답답한 마음에 안중근은 천주교 성당으로 가서 오랫동안 기도를 했다. 기도를 하고 밖으로 나오니, 신부 한 사람이 지나가고 있었다. 둘은 서로를 알아보고는 깜짝 놀랐다.

"곽 신부님, 곽 신부님 아니십니까?"

"도마! 자네 여기 어쩐 일인가?"

두 사람은 반갑게 손을 마주 잡았다. 곽 신부(프랑스 이름은 르각)는 프랑스 사람으로 황해도 지방에서 전도를 하고 있어서 안중근과는 절친한 사이였다. 평소 존경하던 사람을 낯선 곳에서 우연히 만나다니, 안중근은 꿈만 같았다. 두 사람은 함께 여관으로 돌아와 이야기를 나누었다.

"신부님, 상하이엔 무슨 일로 오셨는지요?"

"홍콩에 왔다가 여기 들러 황해도로 돌아가는 길이네. 자네는?"

"신부님, 지금 한국의 비참한 꼴에 대해 듣지 못했습니까?"

"이미 오래전에 들었네."

"의병이 일어났지만 일본의 군사력을 당해 낼 수 없습니다. 그래서 저는 가족을 데리고 상하이로 이사할 생각입니다. 그런 다음 여러 나라를 돌아다니면서 동포들과 함께 우리의 억울한 사정을 알릴 것입니다. 그렇게 외국의 공감을 얻은 다음 기회를 봐서 의거를 일으킬 생각입니다."

곽 신부는 안중근의 말을 아무 말 없이 듣고 있다가 천천히 입을 뗐다.

"나는 종교가요, 전도사라 정치에는 관심이 없네. 하지만 자네 말을 들으니 한마디 충고하고 싶네. 내 말이 틀리면 자네 뜻대로 하고 내 말이 일리가 있다고 생각하면 내 말대로 해 보게."

"좋습니다. 신부님! 말씀해 주십시오."

"자네가 하는 말은 그럴듯하네. 하지만 그건 하나만 알고 둘은 모르는 소리네. 가족을 외국으로 보내는 것은 그릇된 생각이네. 이천만 민족이 모두 자네같이 한다면 나라 안은 텅텅 빌 게 아닌가. 그거야말로 일본이 진정 바라는 일이지."

안중근은 곽 신부를 뚫어져라 바라보며 그의 말에 귀를 기울였다.

"우리 프랑스가 독일과 싸울 때 일이네. 알자스는 독일과의 국경 지대에 있어 40년 동안 뺏고 빼앗기는 싸움이 벌어지고 있었네. 그런데 프랑스는 40년 동안 그 땅을 회복할 기회가 두어 번 있었지만 그렇게 하지 못했네. 왜인 줄 아나? 그곳 사람들이 전쟁을 피해 온통 외국으로 떠났기 때문이지."

"그럼 제가 외국으로 나오려고 한 게 잘못되었다는 것입니까?"

"그렇다네. 그리고 자네는 나라의 억울함을 세계 여러 나라에 호소하면 그들이 도와줄 것이라고 생각하지만, 과연 그럴까? 생각해 보게. 그들도 일본과 다를 바 없이 식민지를 세우는 데 혈안이 되어 있네. 그런데 자네 말에 귀 기울여 줄 것 같은가."

곽 신부의 말은 일리가 있었다.

"그럼 어떻게 해야 합니까?"

"하늘은 스스로 돕는 자를 돕는다고 했어. 자넨 하루빨리 자네 나라로 돌아가 자네가 할 일을 하길 바라네."

"제가 할 일이라뇨?"

안중근은 깜짝 놀라며 되물었다.

"그건 말일세, 우선 교육을 일으키게. 그다음에는 사회를 계몽하고, 민심을 단결시키고, 실력을 양성하는 것이야. 이 네 가지만 이루어진다면 이천만 동포들의 정신력이 든든해져 아무리 강한 일본도 한국을 무너뜨리진 못할 걸세. 그렇게 된다면 나라를 빼앗겼다는 것도 형식에 불과하고, 강제로 맺은 조약도 종이 위에 적힌 쓸모없는 문서일 뿐이야."

"신부님, 미처 그 생각을 못했습니다. 신부님 말씀이 옳습니다. 그대로 따르겠습니다."

안중근은 그길로 짐을 꾸려 진남포로 돌아왔다.

1905년 12월, 진남포로 돌아온 안중근은 청천벽력과 같은 소식을 접했다. 아버지가 돌아가신 것이다. 가족을 데리고 진남포로 오다가 병이 더욱 깊어져 결국 도중에 세상을 뜬 것이다.

아버지 나이 44세였다.

안중근은 슬픔을 억누를 수 없었다. 몇 번이나 까무러치면서 통곡했다.

안중근에게 아버지는 정의를 가르쳐 준 스승이었고, 정신적 지주였으며, 든든한 후원자였다. 안중근은 아버지를 잃음으로써 그 모든 것을 잃었던 것이다.

겨우 정신을 차린 안중근은 청계동으로 가 아버지의 묘소를 지키면서 가족들과 그해 겨울을 났다.

그때 안중근은 평소 즐겨 마시던 술을 끊었다. 조국이 독립하는 날까지 술을 한 방울도 마시지 않기로 결심했다.

### 학교 설립과 국채 보상 운동

1906년 3월, 안중근은 가족을 이끌고 진남포로 이사를 했다. 양옥 한 채를 지어 살림을 마련했다. 그리고 재산을 정리해 학교를 세웠다. 처남인 김능권도 논밭을 팔아 1만5천 냥을 기꺼이 기부했다. 맨 처음 세운 학교가 삼흥 학교였다. 삼흥은 사흥(士興), 민흥(民興), 국흥(國興)으로 선비와 국민이 서로 힘을 합하여 나라를 일으킨다는 뜻이었다.

안중근은 민족의식이 강한 선생님이 있다면 어디든 달려가 모셔 왔다. 안중근의 두 동생 정근과 공근도 팔을 걷어붙이고 도와주었다.

얼마 후에는 돈의 학교도 인수했다. 돈의 학교는 프랑스 신부가 개인적으로 운영하다가 진남포를 떠나면서 문을 닫게 될 위기에 처한 학교였다.

안중근은 학생들에게 신식 군사 교련도 가르쳤다. 앞으로 우리나라가 자주독립 국가가 되기 위해서는 서양 국가들을 알아야 한다는 신념에서 영어도 가르쳤다.

한편, 안중근은 서북 지역 인사들이 모여 설립한 *서우 학회에 가입했다.

1907년 봄에는 서울로 올라가 몇 개월 동안 지내면서 안창호도 만났다. 안중근은 안창호가 진남포에 와서 연설할 때 매우 감동을 받고 자신의 학교에 초청하여 강연회를 갖기도 했다.

그 무렵 전국적으로 국채 보상 운동이 일어났다. 일본은 한국을 지배하기 위한 방법으로 경제를 파탄에 빠뜨릴 계책을 세우고는 한국 정부에 거액의 돈을 빌려 주었다. 그러나 그 돈은 일제에 대한 저항을 막기 위한 경찰력을 늘리고 우리나라에 사는 일본인들에게 필요한 시설을 만드는 데 쓰였다. 그 결과 한국

*서우 학회 : 1906년 평안도와 황해도 지역 출신의 지식인들이 인재 양성과 민중 의식 개혁을 목적으로 설립한 애국 계몽 단체.

### 안창호(1878~1938)

평안남도 강서에서 출생. 호는 도산. 한말의 독립운동가이자 사상가로 독립 협회, 신민회, 흥사단 등에서 활발하게 독립운동 활동을 하였다. 1910년, 안중근의 이토 히로부미 암살 사건에 관련되었다는 혐의를 받고 신민회 간부들과 함께 개성 헌병대에서 3개월간 곤욕을 치르기도 했다. 1932년 윤봉길의 훙커우 공원 폭탄 사건으로 일본 경찰에 체포되어 2년 6개월을 복역하였고, 가석방되어 휴양 중 동우회 사건으로 다시 투옥되었다. 1938년 병으로 보석되어 휴양 중 사망하였다. 1962년 건국 훈장 대한민국장이 추서되었다.

정부의 빚은 엄청나게 불어났다. 정부의 힘으로는 도저히 갚을 길이 없었다. 그러자 나라 빚을 갚지 않고는 나라를 지킬 수 없다는 생각이 민중 사이에 널리 퍼졌다.

대구에서 서상돈, 김광제 등이 중심이 되어 국채 보상회를 만들었다. 서상돈은 〈대한매일신보〉에 나라 빚을 갚자는 글을 썼다. 3개월 동안 담배를 피우지 않으면 나라 빚 1천3백만 원을 갚을 수 있다고 주장했다. 국채 보상 운동은 들불처럼 번졌다. 담배를 끊고 돈을 낸 사람, 비녀, 가락지, 노리개를 바친 사람도 있었고 심지어 기생들까지 돈을 모아 보냈다.

안중근도 가만히 있을 수 없었다. *관서 지역의 책임자가 되어 국채 보상 운동을 벌였다.

*관서 지역 : 한반도의 서북부인 평안도와 황해도 부부 지역.

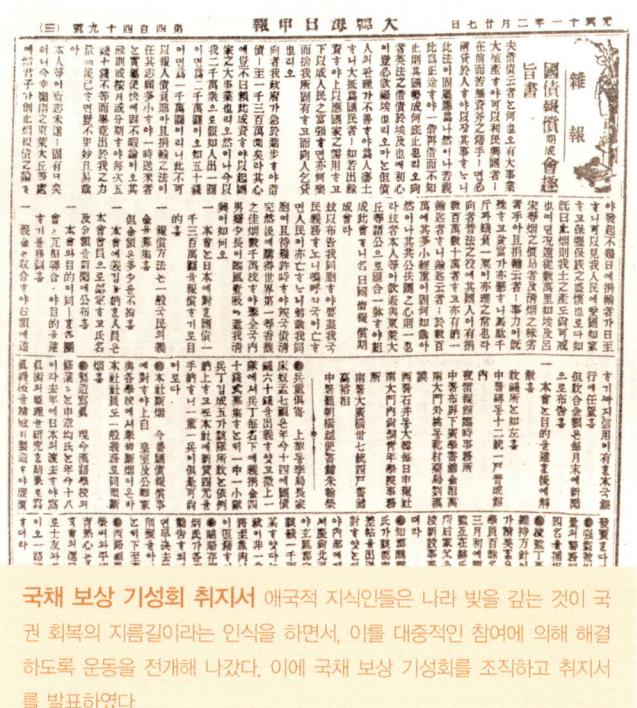

**국채 보상 기성회 취지서** 애국적 지식인들은 나라 빚을 갚는 것이 국권 회복의 지름길이라는 인식을 하면서, 이를 대중적인 참여에 의해 해결하도록 운동을 전개해 나갔다. 이에 국채 보상 기성회를 조직하고 취지서를 발표하였다.

"나라 빚을 갚기 위해 온 나라 백성들이 힘을 모으고 있어요. 우리도 힘을 보태야 하지 않겠소?"

안중근의 말에 아내 김아려는 고개를 끄덕이며 말했다.

"제 장신구를 몽땅 내놓겠어요."

삼흥 학교 교사와 학생들도 의연금을 모았다. 안중근은 여러 곳을 다니며 사람들에게 참여를 호소하였다. 평양에서는 선비

1천여 명을 명륜당에 모아 놓고 성금을 모으기도 했다.

그러던 어느 날, 국채 보상회에서 회의를 하고 있는데 일본 순사가 찾아왔다.

"회원은 몇이나 되는가? 돈은 얼마나 모았나?"

일본 순사는 눈을 희번덕이며 아주 위압적으로 물었다.

"회원은 2천만 명이다. 돈은 1천3백만 원을 모은 다음에 갚으려 한다."

그러자 일본 순사는 빈정거리며 말을 했다.

"쳇, 웃기고 있네. 조선인은 미개한 민족인데 무슨 일을 할 수 있단 말이냐?"

안중근은 불쾌했지만 웃으면서 말했다.

"빚을 진 사람은 빚을 갚고, 빚을 준 사람은 빚을 받으면 그만이지 왜 민족을 들먹이면서 욕을 하는가? 우리 민족의 애국심에 질투하는 건가?"

그러자 일본 순사가 벌컥 화를 내더니 안중근을 치려고 달려들었다.

참고 있을 안중근이 아니었다.

"내가 너에게 이유 없이 당한다면 2천만 우리 민족은 장차 더 많은 압제에 시달릴 것이다. 내가 어찌 나라의 수치를 그대로 받고 있을 수 있겠는가."

안중근은 큰 소리로 말한 뒤 두 주먹을 불끈 쥐고 일본 순사에게 맞섰다. 둘은 서로 한참 동안 치고받았다. 어릴 때부터 사냥과 운동으로 단련된 안중근을 일본 순사가 당해 낼 수 없었다. 일본 순사는 코피가 터지고 옷이 찢어졌다. 곁에 있는 사람들이 뜯어말렸다. 피투성이가 된 일본 순사는 씩씩거리며 돌아갔다.

그러나 국채 보상 운동이 전국으로 퍼져 나가자 이토 히로부미가 나라를 어지럽게 한다고 탄압하기 시작했다.

## 독립군이 되어 일본군과 싸우다

### 독립운동을 하기 위해 만주로

1907년 7월, 뜨거운 여름이었다. 일제의 탄압으로 국채 보상 운동이 성공하지 못하자 사람들은 실의에 빠졌다. 그때 전해진 또 하나의 소식은 전국을 분노로 들끓게 했다.

"고종 임금을 이토 히로부미가 강제로 퇴위시키고 세자를 임금 자리에 앉혔다고 합니다."

"뭐라구요? 어떻게 그런 일이!"

"지난 달 임금이 헤이그에 특사를 보낸 일을 트집 잡아 그리한 모양입니다."

"허허, 우리 임금은 허수아비나 마찬가지로군."

"뿐만 아닙니다. 정미칠조약인지 뭔지, 강제로 조약을 맺게 해 우리 군대를 해산한다고 합니다."

"군대마저 해산하다니요? 그럼 우리는 어떻게 되는 겁니까?"

"나라에 군대가 없으면 어떻게 되겠습니까? 우리를 침략하는 적을 어떻게 물리칠 수 있겠소?"

**헤이그 특사** 1907년, 고종은 헤이그에서 열린 만국 평화 회의에 특사를 보내 조선의 실상을 만천하에 알리도록 했으나 실패했다. 왼쪽부터 이준, 이상설, 이위종.

"일본이 우리를 멋대로 주물럭거리겠군요."

"에이, 이토 히로부미 그놈을!"

사람들은 분노했다. 여기저기서 한숨과 탄식이 흘러나왔다.

"두고만 볼 수 없습니다. 일본 놈들을 이 땅에서 몰아내야 합니다."

 **헤이그 특사 사건과 정미칠조약**

1907년 네덜란드의 수도 헤이그에서 열린 제2차 만국 평화 회의에 고종 황제가 특사를 파견한 사건이다.

6월, 고종은 네덜란드 헤이그에서 열린 만국 평화 회의에 이상설, 이준, 이위종 등 세 명의 특사를 비밀리에 보냈다. 을사늑약은 불법적으로 체결되어 무효이며, 일본이 한국을 집어삼키려 한다는 것을 세계만방에 알리려는 생각이었다. 그러나 식민지를 늘리는 데만 혈안이 되어 있던 세계열강이 한국에 관심을 가질 리 없었다. 더욱이 일본의 방해로 특사는 회의에 참석하지조차 못해 한국의 독립을 주장하는 데 실패하고 말았다. 이에 분을 참지 못해 이준은 헤이그에서 자결하고 말았다. 이 사건은 우리나라를 완전히 집어삼킬 흉계를 꾸미고 있던 이토 히로부미에게 아주 좋은 기회를 주게 된 것이다.

헤이그 특사 사건을 빌미로 1907년 7월, 이토 히로부미는 고종을 강제 퇴위시킨 뒤 아들 순종을 황제 자리에 앉혔다. 그리고 곧 정미칠조약을 맺게 했다. 정미칠조약으로 일본은 한국을 멋대로 주무를 수 있게 되었다. 나라의 모든 시설을 만들 때, 법을 만들 때, 법에 따라 나랏일을 할 때, 관리를 임명할 때에도 통감의 허락을 받도록 한 것이다. 또한 관리를 일본인 마음대로 채용하게 해 수천 명의 관리가 일본인으로 채워졌다. 그리고 8월에는 군대를 강제로 해산시켰다.

또다시 전국에서 의병이 일어났다. 해산된 군인들도 의병에 참가했다. 1만여 명의 의병들은 13도 창의군을 결성해 서울로 진격했다. 그러나 무기도 제대로 갖추지 못한 채 급작스레 모인 의병들은 제대로 싸워 보지도 못하고 일본군에 패하고 말았다.

그 무렵 안중근은 학교를 운영하고 국채 보상 운동을 하느라 재산이 거의 바닥나 있었다. 안중근은 자금을 마련하기 위해 두 사람과 함께 삼합의라는 무연탄 판매 회사를 차렸지만, 일본의 방해로 많은 돈을 잃고 말았다.

안중근은 서울에 있으면서 의병이 싸우는 것을 직접 목격했다. 그는 안창호 등과 싸움터에 뛰어들어 부상자를 돌보고 치료해 주었다. 그때 안중근은 결심했다.

'이런 상황에서 교육 구국 운동이나 국채 보상 운동으로는 일본을 물리치기 힘들다. 의병 항쟁을 통해 독립운동을 해야 한다.'

안중근은 삼합의를 과감하게 정리하고 자신의 계획을 어머니께 말했다.

"어머니, 지금 이 나라는 일본의 손아귀에 완전히 들어갔습니다. 실력을 키워 일본을 물리치려는 것은 한계가 있습니다. 나라가 망한 뒤에 실력을 키워 보았자 무슨 소용이 있겠습니까?"

"그래서 어떻게 할 생각이냐?"

"만주로 가서 의병 부대를 설립할 생각입니다. 허락해 주십시오."

어머니는 한동안 말없이 있었다. 그러고는 조용히 입을 뗐다.

"네가 나라의 독립을 위해 떠나는 것도 모두 하늘의 뜻이다."

그러고는 조그만 주머니를 안중근에게 건네주었다.

"내가 가진 것은 이것밖에 없다. 노자로 쓰거라."

"어머니, 고맙습니다."

안중근은 정근, 공근 두 동생에게도 계획을 말했다. 정근은 반대했다.

"형님, 홀로 되신 어머니는 두고 어찌 만주로 가신다고 합니까?"

장남인 안중근의 마음은 무거웠다. 어머니뿐만 아니라 아내, 장녀 현생, 장남 분도, 갓 태어난 차남 준생을 두고 기약 없이 떠나가야 했다. 그러나 안중근은 마음을 다잡고 정근에게 말했다.

"세상 사람 어느 누가 가족을 사랑하지 않겠느냐. 하지만 우린 지금 자기 몸과 가족만 돌보고 있을 때가 아니다. 가족도 나라가 있어야 지킬 수 있는 것이다."

　두 동생은 더 이상 형을 막을 수 없었다. 한 번 결정한 것을 쉽사리 바꾸지 않는 성격이라는 것을 알기 때문이었다.
　"너희에게 학교를 잘 부탁한다. 지금 우리에게 가장 부족한 것이 단합이다. 이는 사람들이 겸손할 줄 모르고 허위와 교만으로 가득 차 있으며, 남보다 위에 있기를 좋아하기 때문이다. 나는 너희들이 좋은 것을 배워 익혀서 자기를 낮추고 남을 존중

하는 사람이 되길 바란다. 또 너희들이 교육에 힘써 그런 것을 바로잡아야 할 것이다."

두 동생은 고개를 끄덕이며 형의 손을 꼭 잡았다.

1907년 8월 1일, 안중근은 만주를 향해 길을 떠났다. 그곳에서 3개월 동안 머물면서 형편을 살폈다. 의병을 조직하기 위해서였다. 하지만 만주의 한인 생활은 비참하기 이를 데 없었다. 청나라 관리들에게 들볶이고 일본 관리들의 탄압을 받았다. 게다가 마적들이 나타나 피땀 흘려 지은 곡식과 가축을 빼앗아 갔다.

'이곳에서는 왜놈들 등쌀에 안 되겠다.'

안중근은 두만강 북쪽의 러시아 땅인 블라디보스토크로 갔다. 그곳에는 한인들이 4, 5천 명이나 살고 있었다. 러일 전쟁 때부터 항일 의병 부대를 이끌었던 이범윤도 그곳에 있었다.

안중근은 이범윤을 찾아갔다.

"지금 이토는 눈에 보이는 것이 없습니다. 교만할 대로 교만하고 극악해서 위로는 임금을 속이고 아래로는 백성을 함부로 죽이고 있습니다. 이웃 나라는 물론이고 세계의 신의를 저버리고 있습니다. 그로 인해 조국은 흥망이 오늘내일하고 있습니다. 이렇게 위급한 때에 가만히 있을 수 있겠습니까? 각하께서 의거를 하신다면 비록 재주 없는 저이지만 만분의 일이라도 힘이 되도록 노력하겠습니다."

그러나 이범윤은 재정이나 무기를 마련할 길이 없다며 망설였다.

안중근은 좌절하지 않고 여러 차례 이범윤을 찾아가 설득했다. 아울러 여러 지방을 다니며 한인들에게 의병을 일으킬 것을 호소했다. 많은 사람들이 안중근의 연설을 듣고 감동하여 의병이 되기도 하고, 물건이나 의연금을 내놓기도 하였다.

### 일본군 포로를 석방해 주다

나라 안 방방곡곡에서 의병이 일어나 일본군과 싸우자 국경 지대에서도 의병 활동이 활발하게 전개되었다. 그러자 이범윤이 의병을 일으켰다. 안중근도 모집한 의병들을 데리고 그 부대에 합류했다. 직책은 참모 중장이었다.

1908년 봄, 안중근은 회령에서 홍범도 장군이 이끄는 의병 부대를 찾아갔다. 홍범도는 산포수들을 동원하여 산악 지대에서 일본군에 크게 타격을 준 대표적인 의병장이었다. 안중근은 홍범도 부대와 공동 작전을 펼 계획이었다. 그러나 홍범도 부대와의 연합 작전은 이루어지지 못했다. 홍범도 부대와 접촉이

불가능했기 때문이다.

그해 6월, 안중근의 부대가 마침내 출동했다. 병사가 겨우 3백 명 정도였다. 그 정도 병사들로 훈련된 일본군을 대적한다는 것은 결코 쉽지 않았다. 나라를 구하겠다는 의기로 뭉친 병사들이었지만, 두려움 또한 적지 않았다. 안중근은 병사들을 위로하며 말했다.

"지금 우리 병사는 불과 2, 3백 명밖에 되지 않는다. 적은 강하고 우리는 약하다. 따라서 이번 단 한 번으로 적을 물리칠 수 없는 것은 뻔한 일이다. 그러나 한 번에 안 되면 두 번, 세 번, 아니 백 번이라도 굴하지 않고, 금년에 이루지 못하면 내년, 내후년에 다시 하면 된다는 각오로 싸우길 바란다. 만일 우리 대에 목적을 이루지 못하면 아들 대, 손자 대에 가서라도 반드시 독립을 한 다음에야 이 싸움을 그만둘 것이다."

"와와!"

안중근의 말에 독립운동의 사명감에 불타는 의병들은 사기가 올랐다.

의병 부대는 두만강을 건너 한국 땅으로 들어갈 예정이었다. 일본군이 곳곳에 진을 치고 있어 이동이 쉽지 않았다. 낮에는 엎드려 숨어 있다가 밤길을 걸어 함경북도에 이르렀다. 안중근 부대는 경흥에 주둔하고 있던 일본군 수비대를 기습해 승리했다.

첫 전투에서 이겨 사기가 크게 오른 안중근 부대는 함경북도 곳곳에서 전투를 벌였다. 일본군을 물리치고 일본 군인과 상인을 생포하였다.

안중근은 사로잡힌 포로를 심문했다.

"일본은 러일 전쟁을 시작할 때 동양의 평화를 유지하고 대한의 독립을 굳건히 한다고 선전했다. 그런데 이렇게 남의 나라를 침략하니 어찌 평화를 유지할 수 있겠는가? 이는 강도나 다름없다. 너희들 생각은 어떤가?"

그러자 일본군 하나가 눈물을 흘리며 말했다.

"우리도 전쟁을 하고 싶어 한 게 아닙니다. 어쩔 수 없이 총을 들고 싸우고 있을 뿐입니다. 세상 사람들 누구나 죽기를 바라는 사람은 없습니다. 더구나 우리는 멀리 떨어진 전쟁터에서 돌보는 사람 없이 원통하게 죽게 되었으니, 어찌 분하고 억울하지 않겠습니까? 이 모든 것이 이토 히로부미 때문입니다.

그놈은 제 마음대로 권력을 휘두르고 전쟁을 일으켜 귀중한 생명을 무수히 죽이고 있습니다. 그러고도 자기는 편안히 있으니, 우리 역시 분합니다."

말을 마친 포로가 통곡을 하였다.

"그래, 이 모든 것이 이토 히로부미 그자 때문이다. 내 너희들을 살려 주겠다. 그러니 너희들은 돌아가 까닭 없이 전쟁을 일으켜 동족과 이웃 나라의 죄 없는 사람을 마구 죽이는 그 *난신적자를 없애 버려라. 그러면 동양 평화가 곧 이루어질 것이다. 너희들이 그렇게 할 수 있겠는가?"

"네, 그렇게 할 수 있습니다."

"좋다. 돌아가라."

"고맙습니다. 이 은혜 절대 잊지 않겠습니다."

그들은 땅에 머리를 깊이 조아리며 몇 번이나 감사하다면서 인사를 하고는 부리나케 산을 내려갔다.

안중근이 일본군을 놓아주자 장교들이 불만을 터뜨렸다.

*난신적자 : 나라를 어지럽히는 무리.

"얼마나 힘들게 잡은 적인데 놓아주는 것이오?"

동료가 따지듯이 묻자 안중근은 침착한 목소리로 말했다.

"만국 공법에 사로잡은 포로를 죽이는 법은 없소. 어디 가두어 두었다가 나중에 배상을 받고 돌려보내 주는 것이오. 더욱이 그들도 어찌 보면 전쟁의 피해자요. 그들의 말은 진정에서 나오는 것이니, 어떻게 놓아주지 않을 수 있겠소?"

"적들은 우리 의병을 사로잡으면 잔인하게 죽이고 있소. 그런데 우리는 그렇게 애써서 사로잡은 놈들을 몽땅 돌려보내다니,

 **만국 공법**

만국 공법은 중국 주재 미국 공사관의 통역관이자 선교사인 윌리엄 마틴이 헨리 휘튼이 쓴 국제법 원리에 관한 책을 번역한 것이다. 이 책이 번역되면서 19세기 동양에는 지금까지 알려지지 않았던 서양의 새로운 질서 개념이 전파되었고, 동양에서는 충격적인 사실로 받아들여졌다.
예를 중시하는 동양에 서양의 '공법'이라는 새로운 질서가 전해지면서 가치관의 혼란이 일어난 것이다.
더욱이 중국에 대한 사대주의 사상이 뿌리 깊었던 조선의 사대부들은 기독교 사상과 상업을 중시하는 중상주의, 제국주의적 요소를 갖춘 공법에 크게 혼란스러워했다.
이후 만국 공법은 사대주의 질서를 파괴하고 새로운 질서를 세우는 정치 운동의 한 개념으로 발전했고, 만국 공법이라는 낱말은 19세기에 유행어가 되기도 했다.

이게 말이 된단 말이오?"

안중근은 동료의 말에 고개를 가로저었다.

"그렇지 않소, 그렇지 않소. 적들이 그와 같이 우리 의병 포로들을 죽이는 것은 만국 공법을 어긴 야만적인 일이오. 이는 하늘이 노할 일이오. 우리들마저 그런 야만적인 행동을 할 수 없소."

안중근이 간곡하게 타일렀다. 하지만 불만을 터뜨린 장교들은 포로들이 돌아가서 의병들의 위치를 알려 줄지도 모른다며 일부 병사들을 데리고 다른 곳으로 가 버렸다. 안중근은 그들을 붙잡지도 못하고 깊은 한숨을 쉬었다.

### 추위와 기아로 죽을 고비를 넘기고

포로를 놓아주고 얼마 뒤, 일본군들이 쳐들어왔다. 떠나 버린 장교들의 말이 맞았던 것이다. 살려 준 포로들이 자기네 군대에게 의병들의 위치를 알려 준 게 틀림없었다.

총알이 빗발처럼 쏟아졌다. 기습 공격에 놀란 병사들이 아우성을 쳤다. 네다섯 시간 남짓 싸우고 나자 날이 저물고 비마저 내리기 시작했다. 한 치 앞도 분간할 수 없었다. 장교와 병사들이 뿔뿔이 흩어졌다. 누가 죽고 누가 살았는지조차 알 수 없었다. 안중근은 달리 어떻게 할 방법이 없어 숲 속에서 밤을 샜다.

이튿날, 날이 밝았다. 안중근이 주위를 둘러보니 6, 70명의 병사들이 흩어져 있었다. 그중에는 부상당한 병사도 있었다.

"나머지 병사들은 어떻게 됐는가?"

"각각 부대를 나누어 흩어졌습니다."

안중근은 절망감에 사로잡혔다. *대오를 정비하려 했지만, 이틀이나 굶은 병사들은 더 이상 싸울 기력이 없었다. 안중근은 가슴이 찢어지는 듯했다.

안중근은 병사들을 위로해 주었다. 그리고 가까운 마을로 데려가 보리밥을 좀 얻어먹였다. 그걸로 배고픔과 추위는 겨우 면했지만 병사들은 규율도 지키지 못할 정도로 지쳐 있었다.

안중근이 그들을 간신히 달래 흩어진 병사들을 찾고 있을 때였다. 총소리가 숲을 흔들었다. 숲 속에 매복하고 있던 일본군이 덮친 것이었다. 연이은 기습 공격에 그마나 남아 있는 병사마저 뿔뿔이 흩어져 버리고 말았다.

절망한 안중근은 혼자 산 위에 앉아 한탄했다.

"누구를 탓하고 누구를 원망할까. 모두 내 탓이다."

하지만 안중근은 이내 용기를 내 병사들을 찾아 나섰다. 다행히 세 명의 병사를 만날 수 있었다. 기진맥진한 병사들은 안중

*대오 : 군대의 대열.

근에게 토로했다.

"차라리 죽고 싶습니다."

"이럴 바엔 일본군들의 포로가 되는 게 낫지, 지금은 죽기보다 힘듭니다."

안중근은 참담한 심정이 되었다.

'이처럼 약해진 병사들을 어떻게 위로해야 할까.'

한참 생각 끝에 안중근이 말했다.

"그대들은 모두 뜻대로 하라. 나는 산 아래로 내려가 일본군들과 한바탕 장쾌하게 싸우겠다. 그리하여 대한국인의 한 사람으로 의무를 다하고 죽는다면 원한이 없을 것이다."

그러고는 총을 들고 일본군을 향해 나아갔다. 그러자 한 병사가 안중근을 뒤따라와 붙들고 통곡했다.

"대장님! 대장님은 어찌 한 사람의 의무만 생각하고 수많은 백성들의 생명은 생각지 않으십니까? 지금 죽으면 훗날 큰일은 누가 하겠습니까? 지금 죽으면 아무 의미가 없습니다. 러시아로 돌아가서 다시 일을 도모합시다."

병사의 간곡한 말에 안중근은 몸을 돌려세우며 말했다.

"그대의 말이 옳다. 훗날 큰일을 하기 위해서 내 그대 말을 따르겠다."

네 사람은 겨우 마음을 수습하고 다시 길을 찾아 발걸음을 옮겼다. 그러다 산속에서 헤매고 있는 세 명의 의병을 만났다.

일곱 사람이나 되니 대낮에 적진을 뚫고 가는 게 쉽지 않았다. 그들은 두 개의 조로 나뉘어 밤에 움직이기로 했다. 안중근은 두 사람과 함께 산길을 헤치고 나아갔다.

마침 장마철이었다. 비는 몇 날 며칠 그치지 않고 내렸다. 산은 높고 골짜기가 깊어 어디가 어디인지 분간할 수 없었다.

그렇게 네댓새 걷는 동안 신발은 다 해져 맨발이 드러났고, 옷은 너덜너덜해져 바람막이가 되지 못했다. 담요를 찢어 발에 감고 서로를 격려하면서 걸었다. 한 끼도 먹지 못한 그들은 풀뿌리를 캐어 먹으면서 주린 배를 채웠다.

"아, 집이다! 저기 가서 밥을 얻어먹읍시다!"

안중근은 병사들을 잡아끌며 산을 내려갔다. 그런데 가까이 가 보니, 일본군이 얼씬거렸다.

"속았소! 일본군 초소요!"

그들은 밥은커녕 부리나케 달아나야 했다.

며칠째 밥을 먹지 못한 그들은 하도 배가 고파 냇가에서 배가 부르도록 물을 마신 뒤 그대로 쓰러져 잠들었다.

깊은 산속에서 헤매던 세 사람은 집 한 채를 발견했다.

"저기 집이 한 채 있소. 저기 한번 가 봅시다."

"지난번처럼 일본군의 초소면 어쩌지요?"

"이래 죽으나 저래 죽으나 마찬가지 아니겠소?"

그 집으로 달려가 주인을 불러 밥을 달라고 빌었다. 주인이 조밥 한 사발을 주면서 말했다.

"여기서 머뭇거리지 말고 어서 가시오. 빨리 가시오. 어제 아랫마을에 일본군들이 와서 의병에게 밥을 주었다고 죄 없는 양민을 다섯 사람이나 죽이고 갔소. 그러니 나를 원망하지 말고 어서 가시오."

안중근과 일행은 아무 말도 하지 못한 채 밥을 받아 가지고 산으로 올라갔다. 세 사람이 밥을 똑같이 나누어 먹었다. 얼마나 맛있는지 마치 신선의 음식 같았다. 밥을 못 먹은 지가 엿새나 지났으니, 그럴 만도 했다.

다디달게 밥을 먹은 안중근 일행은 다시 길을 나섰다. 산을 넘고 내를 건너고 방향도 모른 채 걸었다. 낮에는 숨어 있다가 밤에만 걸었는데, 장맛비는 여전히 그치지 않아 이루 말할 수 없이 고달팠다.

며칠 뒤, 간신히 민가를 발견하고 문을 두드리자 주인이 몽둥이를 가지고 나오더니 일본군에 묶어 보내겠다며 패거리를 불

렀다. 재빨리 뒷걸음질쳐 달아났다.

겨우겨우 좁은 골목길로 접어들었는데 일본군과 딱 맞닥뜨렸다. 일본군이 총을 겨누었다. 매우 가까운 거리였다. 하지만 캄캄한 밤중이라 다행히 피할 수 있었다.

놀란 안중근과 두 사람은 큰길로는 가지 못하고 산길로만 다녔다. 그래서 사오 일을 또 밥을 먹지 못했다. 배고픔과 추위가 밀려왔다. 발바닥은 다 부르트고 찢겼다.

기진맥진한 채로 걷다가 외딴집 한 채를 발견했다. 허겁지겁 달려갔다. 이젠 일본군이 있을지도 모른다는 두려움조차 없었다. 오로지 굶주림을 면할 수 있길 바랐다.

문을 두드리자 노인이 나왔다. 세 사람의 몰골을 보더니 노인은 놀란 눈으로 바라보았다.

"의병이오. 밥을 좀 주시오."

안중근이 쓰러질 듯한 몸을 간신히 추스르며 말을 했다.

"그래요? 어서 들어오시오, 어서!"

노인은 반갑게 방으로 맞아들이고는 아이를 시켜 밥상을 차려 오게 했다. 음식이 한 상 가득 차려져 나왔다. 세 사람은 염치고 체면이고 없이 게걸스럽게 음식을 먹었다. 한바탕 배부르게 먹고 나자 겨우 정신이 들었다.

"며칠을 굶은 모양이오."

노인이 안타까운 듯 말을 건넸다.

"네, 어르신! 열이틀 동안 겨우 두 끼밖에 먹지 못했습니다."

안중근은 그제야 주인 노인에게 예의를 갖추며 말을 할 수 있었다. 그리고 그간의 겪은 일을 털어놓았다.

"어르신이 아니면 저희는 모두 죽은 목숨입니다. 이제 더는 버틸 수 없었습니다. 정말 감사드립니다."

그러자 노인이 친절하게 일러 주었다.

"나라가 위급하니 그 같은 고생은 국민의 의무지요. 하지만 기쁨이 다하면 슬픔이 오고, 고생이 끝나면 즐거움이 오니, 용기를 잃지 마시오. 그나저나 일본 병사들이 곳곳을 뒤지고 있으니 다니기 힘들 것이오. 그러니 꼭 내가 일러 주는 길로만 가시오."

노인은 두만강으로 가는 길을 자세히 알려 주며 나라를 위해 꼭 큰일을 해 달라고 당부했다. 안중근은 너무 고마워 노인의 성함을 물었지만 노인은 끝내 가르쳐 주지 않았다.

세 사람은 노인에게 감사의 인사를 여러 번 한 뒤 길을 떠났다. 노인이 가르쳐 준 대로 며칠 뒤 두만강을 무사히 넘을 수 있었다.

# 단지 동맹, 그리고 거사를 실행하다

## 손가락을 잘라 구국을 맹세하다

안중근은 그렇게 죽을 고비를 몇 번이나 넘긴 뒤 마침내 러시아 땅으로 돌아왔다. 전쟁터로 나간 지 무려 한 달 반 만의 일이었다. 안중근은 친구들도 알아보지 못할 정도로 초췌해져 있었다. 출전할 때 입었던 옷은 넝마가 되어 있었고, 이가 득실거렸다.

블라디보스토크의 동포들이 환영회를 마련해 안중근을 청했다.

"패전하여 돌아온 사람이 무슨 면목으로 여러분의 환영을 받을 수 있겠습니까?"

안중근은 극구 사양했다. 하지만 동포들은 오히려 그를 위로했다.

"이기고 지는 것은 전쟁터에서 흔히 있는 일이오. 부끄럽게 생각하지 마시오. 더구나 그렇게 위험한 곳에서 살아 돌아왔으니 어찌 환영하지 않을 수 있겠소."

동포들의 격려에 힘을 얻은 안중근은 하바로프스크와 흑룡강 등지를 다니며 다시 의병을 조직하기 위해 동포들을 만나고 청년들을 가르치며 군자금을 모았다.

그러던 어느 날, 두 명의 동지들과 산골짜기를 지나고 있는데, 갑자기 흉악한 괴한 여럿이 안중근을 붙잡아 묶고는 소리쳤다.

"의병 대장을 잡았다!"

그때 동행한 두 사람은 도망치고 말았다. 안중근은 묶인 채로 산속의 외딴집으로 끌려갔다. *일진회 무리였다.

"너는 어째서 정부에서 금하는 의병을 모집하려는 거냐?"

그들이 안중근을 노려보며 말했다.

"지금 우리 정부는 형식적으로만 있고, 실제는 이토의 정부다. 그러므로 정부에 복종한다는 것은 이토에게 복종하는 것이

*일진회 ; 1904년 8월에 조직된 대표적인 친일 단체. 일본에 망명해 있던 송병준이 일본의 비밀 명령을 받고 조직했다.

니, 정부에서 금하는 것을 내가 지킬 필요가 없다."

안중근이 당당하게 말했다. 그러자 그들은 죽일 듯이 덤벼들더니 안중근을 마구 때리기 시작했다. 이에 굴하지 않고 안중근이 협박하듯이 말했다.

"아까 나와 동행했던 두 사람이 도망갔다. 그들이 가만있을 것 같은가? 우리 동지들에게 연락하면 너희들은 무사하지 못할 것이다."

그러자 그들은 겁먹은 얼굴로 자기들끼리 풀어 주니 마니 하며 티격태격 다투더니 한 사람에게 안중근을 마음대로 하라고 했다. 그 사람과 함께 산을 내려온 안중근은 한편으로는 그를 달래기도 하고 한편으로는 강력하게 저항했다. 그러자 그도 어찌할 수 없었는지, 그냥 풀어 주고 달아났다.

일진회 무리에게서 빠져나온 안중근은 친구 집을 찾아갔다. 다친 상처를 치료하면서 그해 겨울을 하바로프스크에서 보냈다. 그곳에서 안중근은 안창호 등이 미국에서 조직한 공립 협회의 블라디보스토크 지회를 설치할 때 우덕순과 함께 참여했다. 또한 의병 활동을 전개하면서 동지들을 규합했다.

1909년 봄, 안중근은 엔치야 하리 마을(지금의 크라스키노 추카노보)로 돌아왔다.

당시 한인 사회는 여러 갈래로 분열되어 있었다. 독립운동을 하는 사람들끼리도 서로 갈라져 있었다. 또한 그동안 아무런 간섭을 하지 않았던 러시아 정부가 일본의 압력으로 의병 활동을 탄압하고 나섰다. 러시아 정부는 한인들이 군사 훈련을 하는 것과 무기를 소지하는 것을 금지했다. 심지어 의병들의 무기를 압수하면서 의병대를 해체하라고 압박했다. 안중근은 깊이 고민했다. 다시 의병을 불러 모아야 하는데, 주변 상황은 점점 더 어려워져 가고 있었다. 이에 생사를 같이하며 나라를 구하는 데 목숨을 바칠 11명의 동지들과 의논했다.

"우리가 독립운동을 한다고 했지만 이제까지 업적을 이룬 것이 없으니 남들이 비웃어도 할 말이 없다. 내가 곰곰이 생각해 보니, 특별한 단체를 만들어 활동하지 않으면 우리의 목적을 이루기가 어려울 것 같다. 독립운동에 대한 확고한 의지를 다지기 위해 손가락을 끊어 맹세를 하고, 마음과 몸을 하나로 뭉쳐 나라를 위하여 몸을 바치는 게 어떤가."

동지들은 모두 안중근의 말에 따르기로 했다.

열두 사람은 왼손 네 번째 손가락을 잘라 그 피로 태극기에다 '대한 독립'이라고 크게 썼다. 그리고 대한 독립 만세를 세 번 외쳤다.

안중근 혈서로 만든 엽서

　단지 동맹을 한 뒤 안중근은 동지들과 다시 의병을 모으러 다녔다. 그리고 젊은이들을 교육시키고, 사람들의 뜻을 모으는 일에 열중했다. 러시아에서 발간하는 〈대동공보〉의 기자 겸 지국장을 하면서 국내와 세계의 정세를 파악하고 있었다.
　어느새 가을이 되었다. 정대호라는 고향 친구로부터 편지를 받았다. 안중근은 곧바로 정대호를 만나러 갔다. 가족들의 소식이 궁금했다. 정대호에게서 고향과 가족 소식을 들은 안중근은 가족들이 몹시 보고 싶었다.

"내가 이번에 고향에 갈 일이 있는데 가족들을 모시고 오겠네."

정대호의 말에 안중근은 망설였다. 혹여 활동하는 데 가족이 있어 방해가 될지도 모를 일이고, 가족들이 다칠지도 모를 일이었다. 그러나 정대호의 설득에 안중근은 마지못해 허락했다.

봄과 여름 동안 안중근은 동지 몇 명과 함께 한국으로 들어오려고 했다. 동정을 살피기 위해서였다. 하지만 비용을 마련하지 못해 시간만 흘려보내고 있었다.

엔치야에 머무르고 있던 안중근은 갑자기 마음이 울적해지고 초조해지기까지 했다.

그때 〈대동공보〉의 편집 책임자인 이강으로부터 한 통의 전보를 받았다.

'속히 오기 바람.'

안중근은 그길로 블라디보스토크로 향하는 배에 올랐다. 1909년 10월 19일이었다.

### 이토 히로부미를 쓰러뜨리다

1909년 10월 26일, 이토 히로부미는 러시아의 재정 대신 코코프체프를 만나러 하얼빈으로 향하고 있었다. 한국 합병에 대한 대책을 논의할 예정이었다. 일본 정부는 이미 1909년 4월 한국 합병을 비밀리에 결정해 놓고 있었다. 그리고 국제적인 비난을 줄이기 위해 합병 절차를 밟았다. 이토 히로부미가 러시아에 온 것도 바로 그 이유 때문이었다. 당시 이토 히로부미는 한국 통감을 3년간 지낸 뒤 추밀원 원장으로 물러나 있었다. 추밀원은 왕의 정책 자문 기관이자 귀족원과 상원을 겸하는 자리로 권력이 있는 자리는 아니었다. 하지만 이토는 실질적인 실력자 노릇을 하면서 한국을 집어삼키려는 데 앞장서고 있었다.

이토 히로부미가 하얼빈에 오는 목적은 겉으로는 만주 시찰이었다. 하지만 속셈은 따로 있었다. 러시아와 만주 땅을 적당히 나누어 갖고, 한국 합병과 중국에 대한 내정 간섭을 러시아에 인정받기 위해서였다.

하얼빈 역은 일본의 거물 정치인 이토 히로부미를 환영하기 위한 인파로 이른 아침부터 북적거렸다. 러시아 군인들의 경비가 철통같았다.

아침 아홉 시, 기차가 속도를 늦추며 플랫폼으로 들어왔다.

플랫폼에서 한참이나 기다린 코코프체프가 기차의 특실로 걸어 올라갔다. 그러고는 곧 키가 작고 누런 얼굴에 짧은 수염의 늙은이와 함께 기차에서 내렸다. 순간 군악대가 환영곡을 연주했고, 사람들은 환호성을 질렀다.

그 늙은이는 러시아 장관들과 악수를 하고 나서 천천히 의장대 사이를 걸어갔다. 그리고 곧 네 발의 총성이 울렸다. 늙은이는 순간 흠칫하더니 가슴을 움켜쥐고 휘청거렸다. 이토 히로부미가 안중근의 총에 맞아 쓰러진 것이다. 혹시라도 이토 히로부미가 아닐까 싶어서 안중근은 총을 세 발 더 쏘았다.

환영식장은 순식간에 아수라장이 되었다. 순간 수천 명의 군대는 모두 흩어졌다. 헌병과 장교들은 칼을 차고 멍하니 서로 바라보고만 있었다. 곧 총소리가 멎었다. 군인들은 그제야 몰려들어 안중근의 권총을 빼앗아 헌병에게 넘겨주었다.

러시아 군인들에게 붙잡힌 채 러시아 어로 대한 독립 만세를 세 번 외친 안중근은 당당하게 웃으며 말했다.

"내가 도망칠 줄 아느냐? 내가 도망칠 생각을 했다면 죽음터에 들어서지도 않았을 것이다."

안중근은 총을 쏘고 충분히 도망갈 수도 있었다. 하지만 그렇게 하지 않았다. 재판 과정에서 당당하게 이토의 죄상과 일제

의 침략 죄악을 밝히고, 옥중 투쟁을 통해 만국 공법의 원칙을 밝히고, 국제 열강의 지지를 받아서 조국의 자주독립을 쟁취하려는 생각이었다.

그날 오후 네 시, 김성백의 집에 손님들이 찾아들었다. 안중근의 가족들을 데리러 진남포에 갔던 정대호가 도착한 것이다. 안중근의 아내 김아려와 두 아들 분도와 준생도 함께였다. 그들은 안중근의 거사 소식을 까마득하게 모르고 있었다.

"계십니까?"

정대호 일행이 현관문을 열고 막 들어서는 순간, 갑자기 소란스런 발소리가 났다.

뒤를 돌아보니 러시아 헌병들이 총을 든 채 다급하게 집 안으로 들이닥쳤다.

정대호가 영문을 몰라 어리둥절하고 있는 사이, 러시아 헌병이 총을 들이대며 말했다.

"안응칠이란 자가 이토 히로부미를 권총으로 암살하고 그 자리에서 체포되었다. 너희들은 누구냐?"

정대호는 순간 번쩍하고 머릿속에 빛이 스쳐 지나갔다. 자칫 안중근 가족들의 신분이 알려지는 날에는 다 잡혀 들어갈 게 뻔했다.

"여기 이 여자는 내 여동생이고, 두 남자아이는 여동생의 아들들이오."

정대호는 기지를 발휘해 김아려를 여동생이라고 속였다.

"좋다. 그럼 여자와 아이들은 두고 너와 저 남자는 우리와 함께 간다."

다행히 러시아 헌병들은 정대호의 말을 믿고, 정대호와 함께 온 그의 조카만 끌고 갔다.

그들이 나가고 난 뒤, 두 아들을 안고 있던 김아려는 그 자리에 주저앉고 말았다.

한편, 25일 정오에 안중근이 하얼빈으로 돌아간 뒤 차이자거우에 남아 있던 우덕순과 조도선은 빌린 방에서 하루를 더 묵기로 했다.

다음 날 새벽, 우덕순은 잠을 이루지 못하고 깨어 있었다. 시계를 보니 새벽 다섯 시였다. 차이자거우 역에 나가려고 급히 일어나 방문을 열었다. 그런데 밖에서 잠겨 있었다. 러시아 말을 모르는 우덕순은 깊이 잠든 조도선을 깨웠다.

"조 동지! 문이 밖에서 잠겨 있소. 주인에게 문을 열어 달라고 해 주시오."

조도선이 주인을 불러 러시아 말로 물었다.

"문이 왜 밖에서 잠겨 있는 거요?"

"조금 있다가 장춘에서 일본 귀빈이 오니까 좀 기다리시오."

우덕순과 조도선은 무언가 심상치 않다는 걸 깨달았다.

"조 동지, 화장실이 급하다고 열어 달라고 해 보시오."

조도선이 다시 문을 두드리며 주인을 불렀다.

"왜 그러시오?"

"화장실이 급해서 그러오."

그러나 문은 열리지 않고 밖에서 대답만 들려왔다.

"기다리시오!"

문 앞을 지키고 있는 주인은 막무가내였다. 군인들이 집 밖으로 나오지 못하게 한다는 것이었다. 우덕순이 참을 수 없다는 듯 조도선을 쳐다보자, 조도선이 다시 사정했다. 그러나 그는 기차가 지나갈 때까지 기다리라는 말만 했다. 러시아 군인들이 역 주변을 삼엄하게 지키고 있다고 했다.

여섯 시가 되자 기차가 지나가는 소리가 들려왔다.

"아, 분하다. 이 귀중한 시간을 놓치다니!"

우덕순과 조도선은 거사가 실패한 것이라고 생각해 자리에 털썩 주저앉았다.

오전 열 시경, 갑자기 러시아 군인들이 들이닥치더니 두 사람에게 총을 겨눈 채 몸을 뒤졌다. 그러고는 헌병대로 끌고 갔다.

"왜 이러시오? 무슨 일이오?"

조도선이 러시아 말로 물었다.

"어떤 한국인이 이토를 죽였다! 한국 사람은 모두 잡아들이라는 명령이다!"

두 사람은 서로 얼굴을 쳐다보며 미소를 지었다. 안중근이 거사에 성공했다는 것을 비로소 알게 된 것이다.

## 의연한 죽음

### 이토 히로부미의 15가지 죄

이튿날, 안중근이 이토 히로부미를 사살했다는 놀라운 소식이 전 세계를 흔들어 놓았다.

러시아 헌병대에 끌려간 안중근은 러시아 검찰관에게 심문을 받았다. 당시 하얼빈은 청나라의 영토였지만 러시아가 다스리고 있었기 때문이었다. 그래서 이토를 초청한 것도 러시아였고, 환영 준비와 경비도 러시아가 맡았던 것이다.

그러나 러시아는 안중근을 서둘러 일본 영사관으로 넘겨 버렸다. 러시아는 자칫 경비 소홀로 생긴 일이라는 비난을 받을까 봐 두려웠던 것이다. 1909년 10월 26일 저녁 아홉 시 무렵, 안중근은 하얼빈 주재 일본 영사관 지하실에 감금되었다.

10월 30일 안중근은 일본의 미조부치 검찰관의 심문을 받았다.

"이토 히로부미를 해친 이유가 뭔가?"

통역관 소노키를 통해 미조부치가 물었다.

안중근은 당당하게, 미리 준비라도 한 듯 대답했다.

"이토 히로부미의 죄악은 너무나 많다. 첫째, 명성 황후를 시해한 죄. 둘째, 한국의 황제를 폐위시킨 죄. 셋째, 을사오조약(을사늑약)과 정미칠조약을 강제로 체결한 죄. 넷째, 무고한 한국인들을 학살한 죄. 다섯째, 정권을 강제로 빼앗은 죄. 여섯째, 철도, 광산, 산림과 \*천택을 강제로 빼앗은 죄. 일곱째, 대한 제국의 제일 은행권 지폐를 발행해 마음대로 사용한 죄. 여덟째, 대한 제국의 군대를 강제로 해산시킨 죄. 아홉째, 교육을 방해하고 신문 읽는 걸 금지시킨 죄. 열째, 한국인들의 외국 유학을 금지시킨 죄. 열한째, 교과서를 압수하여 불태워 버린 죄. 열두째, 한국인이 일본인의 보호를 받고자 한다고 세계에 거짓말을 퍼뜨린 죄. 열셋째, 현재 한국과 일본 사이에 분쟁이 쉬지

\*천택 : 냇물과 못.

않고 살육이 끊이지 않는데 한국이 평화로운 것처럼 일본 천황을 속인 죄. 열넷째, 동양 평화를 깨뜨린 죄. 열다섯째, 일본 천황의 아버지를 죽인 죄이다. 이것이 바로 그를 죽인 이유다. 이토는 우리 의병 5만 명을 살해했으며 국민 십만여 명을 살해했다. 그는 최대의 살인범이다. 내가 그를 죽인 것은 잘못이 없다."

이토 히로부미의 죄에 대해 조목조목 침착하고 논리적으로 이야기하는 안중근을 보고 미조부치 검찰관은 놀라움을 금치 못했다.

"지금 진술한 것을 들으니 당신은 정말 동양의 의사라고 할 수 있소. 이런 의사는 절대로 사형을 받지 않을 것이니 걱정하지 마시오."

미조부치 검찰관의 말에 안중근은 다시 한 번 침착한 말투로 말했다.

"내가 죽고 사는 것에 대해서는 말할 필요가 없소. 단지 이 뜻을 일본 왕에게 속히 알리시오. 그래서 이토의 못된 정략을 시급히 고쳐 동양의 위급한 대세를 바로잡는 것이 내가 간절히 바라는 바이오."

한편 일본은 안중근의 재판 장소를 두고 치밀하게 계산했다.

사건이 국제적으로 알려져 있어 일본에서 할 경우 국제 여론에 의해 자기네 뜻대로 재판을 하지 못할까 염려해서이다. 일본 국내에서 이루어지는 재판은 여러 명의 재판관이 합의를 하도록 되어 있었다. 그러면 정부의 뜻대로 안 될 수도 있었다. 결국 안중근의 재판은 일본이 청일 전쟁으로 점령한 중국 뤼순의 관동 도독부 지방 법원에서 하기로 결정했다. 국제 여론에서 벗어날 수도 있고 단독 판사가 재판을 해서 일본 정부의 뜻대로 조종할 수 있었기 때문이다.

안중근 외에도 우덕순, 조도선, 유동하 등 열 명이 넘는 사람들이 사건이 터지고 곧바로 잡혀 왔다. 그러나 몇몇은 풀려나고 11월 3일 안중근과 우덕순, 조도선, 유동하 등 아홉 명은 뤼순 감옥에 갇혔다.

안중근이 감옥에 갇히고 그때부터 본격적인 심문과 재판이 시작되었다. 미조부치 검찰관은 물론이고 감옥의 소장, 간수 등은 모두 안중근을 존중했고 친절하게 대했다. 안중근이 의아해할 정도였다.

게다가 러시아와 영국 변호사가 찾아와 한국인의 위탁을 받아 안중근을 변호하려고 하는데, 이미 법원의 허가를 받았다고 했다. 정말 놀라운 일이었다. 안중근은 이상하게 생각했다.

'영국과 러시아 변호사를 허용해 주다니, 일본이 이처럼 문명이 발달한 나라란 말인가. 내가 오해하여 지나치게 과격한 수단을 쓴 것은 아닐까?'

일주일에 한 번씩 목욕도 시켜 주었고, 날마다 오전 오후 두 차례씩 감방에서 사무실로 데리고 나와 담배나 서양과자를 주기도 하고, 차를 마실 수 있도록 했다. 하루 세 끼 식사는 쌀밥으로 주었으며, 내복도 자주 갈아입을 수 있게 했다. 과일도 날마다 먹을 수 있게 했다. 심문할 때 통역을 한 소노키는 특별히 우유를 대접했고, 미조부치 검찰관은 닭고기를 사서 넣어 주기도 했다.

이때 정근과 공근, 두 동생이 면회를 왔다. 작별한 지 3년 만이라 꿈인지 생시인지 모를 정도로 반가웠다. 안중근은 두 동생과 4, 5일, 또는 열흘에 한 번씩 만나 이야기를 나누었다. 안중근은 동생들에게 한국인 변호사를 청하는 일과 천주교 신부를 청해 \*성사를 받을 일 등을 부탁하기도 했다.

### 갑자기 바뀐 일본 검찰관의 태도

동생들이 다녀간 뒤 얼마 후, 미조부치 검찰관의 태도가 이제

\*성사 : 천주교에서 신자들에게 하느님의 은총을 특별히 베풀어 주는 종교 의식.

까지와는 영 딴판으로 바뀌었다. 말투가 위압적이었고, 안중근의 진술을 가로막고 억지를 부리거나 능멸하기도 했다.

'검찰관이 이렇게 돌변한 것은 제 본심이 아닐 거야. 틀림없이 외부에서 바람이 불어닥친 거다.'

안중근은 애써 그들을 이해하려고 했다. 안중근은 이때 일제가 자신을 처형하리라는 느낌을 가졌다.

사실 관동 도독부 지방 법원에서는 안중근의 의거가 정당하다는 판단을 하고 무기형으로 판결하려고 고려하고 있었다. 이를 알게 된 일본 외무성은 "안중근을 극형하라."는 비밀 명령을 내렸던 것이다.

미조부치는 일제가 청국과 러시아로부터 조선을 보호하기 위하여 '보호 정치'를 한 것이라고 내세우며 안중근을 설득하려 했다. 안중근이 설득당하지 않자 종교의 교리를 들어 사람을 죽인 것은 잘못이 아니냐고 힐책했다. 일본의 한국 통치를 합리화시키고자 끊임없이 동양의 정세를 말하며 이토를 변론하여 안중근을 '교화' 시키려 들었다.

안중근은 단호하게 말했다.

"남의 나라를 탈취하고 사람의 생명을 빼앗고자 하는 자가 있는데도 보고만 있는 것은 더 큰 죄악이다. 나는 그 죄악을 제거

한 것일 뿐이다. 나는 한국의 독립과 동양의 평화를 위해서 이토를 사살했다."

안중근의 진술에도 불구하고 미조부치는 복수에 의한 살인으로 몰아붙였다.

"일본이 백만 명 군사를 가졌고, 또 천만 대의 대포를 가졌다고 해도 안응칠, 나 하나의 목숨을 죽이는 것밖에 달리 무엇에 쓰이겠는가. 사람이 세상에 한 번 나서 죽으면 그만인데 무슨 걱정인가. 나는 더 대답할 것이 없으니 마음대로 하라."

안중근에게는 더 이상 말할 권리도 금지되었다. 공판이 공정하게 진행되지 않으리라는 것을 직감했다.

'이들은 지금 굽은 것을 곧게 만들고, 곧은 것을 굽게 만들려고 하고 있구나.'

한 달이 지난 어느 날, 검찰관이 안중근에게 말했다.

"공판일이 6, 7일 후로 정해졌다. 영국 변호사와 러시아 변호사는 일체 허가되지 않고, 이곳에 있는 \*관선 변호사를 쓰게 되었다."

안중근의 의거가 세계에 알려지면서 러시아 지역의 독립운동가들이 〈대동공보〉를 중심으로 변호사 선임 운동을 했다. 세계 여러 나라에서 변호사들이 변론을 맡겠다고 나섰다. 러시아 인

\*관선 변호사 : 법원의 권한으로 선임하는 변호사.

2명, 영국인 2명, 스페인 인 1명, 한국인 2명 외에 무료 변호를 자청한 일본인 1명이 있었다. 그러나 이는 모두 허락되지 않은 것이다.

안중근의 어머니인 조마리아의 부탁으로 변호를 허락한 한국인 안병찬 변호사도 법정에 서지 못했다.

1910년 2월 7일, 일본 관동 도독부 지방 법원에서 안중근의 첫 공판이 열렸다. 이 사건에 연루된 다른 사람들은 풀려났고, 우덕순, 조도선, 유동하 세 명이 법정에 섰다.

수백 명의 방청객이 몰려들었다. 안중근의 두 동생도 참석했다. 안병찬 변호사와 처음 변호를 허락했던 영국인 변호사도 왔다. 안병찬 변호사는 온갖 방법을 동원하여 법정에 서려고 했지만, 결국 서지 못했다. 안병찬 변호사는 울분을 삭이며 안중근의 재판을 방청객에서 지켜볼 수밖에 없었다.

안중근은 법정에서 이토 히로부미를 사살한 이유와 목적을 거침없이 이야기했다. 한국을 침략하고 동양 평화를 파괴한 15개의 죄를 낱낱이 폭로했다. 방청인들은 거의 일본인들이었는데, 그중 많은 사람들이 안중근의 진술에 깊이 감동하였다. 그러자 재판장은 안중근의 발언을 급히 중지시키고 방청객을 전부 퇴장시켜 버렸다.

### 꺾이지 않는 정신

안중근은 한국인이므로 한국 법정에 서야 마땅했다. 안중근은 재판 과정에서 일본 법정에서 재판을 받게 된 것이 부당하다고 주장했다.

"나는 개인으로 사람을 죽인 것이 아니다. 한국 의병의 참모 중장으로서 독립 전쟁을 하여 이토를 죽였고 또 참모 중장으로서 행한 일인데, 지금 이 법원 공판장에서 심문을 받는다는 것은 잘못된 일이다."

그러나 일본은 1905년 을사늑약에 의해 일본은 한국의 외교권을 위임받았기 때문에 한국인을 한국이 아닌 다른 지역에서도 보호하고 다스릴 권리가 있다고 주장하며 여기서 재판을 하는 것이 당연하다고 했다. 결국 외교권마저 박탈당한 한국 정부의 무능함 때문에 안중근은 한국 사람임에도 일본 법정에 섰던 것이다.

공판은 모두 여섯 차례 진행되었다. 공판이 진행되는 동안 일본은 한국어에 능통한 두 사람을 보내 안중근을 구슬리려 하였다. 일본의 입장에서는 근대화를 이룬 공로자인 이토 히로부미를 한국인이 처단했다는 사실이 자신들의 자존심에 참을 수 없는 상처를 주었기 때문이었다.

"당신은 왜 이렇게 죽으려 하는가. 아직도 늦지 않았다. 이토 공을 살해한 것이 그의 통감 정책에 대한 오해 때문이라고 공개적으로 승인하면 감형될 것이다."

안중근은 쓴웃음을 지었다.

"나는 이토의 죄를 너무나 잘 알고 있다. 오해라니 말이 되는가? 죽음을 겁낸다면 거사를 하지도 않았을 것이다. 나를 구슬리려 하지 마라."

1909년 2월 14일, 뤼순 지방 법원 마나베 재판관은 다음과 같이 판결했다.

"피고 안중근은 사형, 피고 우덕순은 징역 3년, 피고 조도선과 유동하는 각각 징역 1년에 처한다."

안중근은 의젓하게 서서 조용히 듣고 있었다.

"피고가 본 판결에 불복한다면 5일 내에 상소할 수 있다."

재판장의 말이 떨어지자 안중근은 단호한 목소리로 되받았다.

"이런 판결을 나는 벌써 짐작했다. 나는 할 말을 다했다. 더 할 필요도 없다. 나는 상소권을 포기한다."

순간 재판정이 들끓었다. 재판장이 공판 완료를 선포하고 퇴장했다. 안중근의 두 동생이 달려 나와 안중근을 팔을 잡으며 울음을 터뜨렸다.

"울지 마라. 나는 해야 할 일을 했다. 이제 죽어도 여한이 없다."

안중근의 말이 채 끝나기도 전에 법원의 경찰이 다가와 안중근을 압송해 갔다.

감옥으로 돌아온 안중근은 많은 생각에 잠겼다.

'역시 내가 생각했던 것에서 크게 벗어나지 않았다. 일본은 이것밖에 안 되는 나라다. 일본 당국자가 조금이라도 양식이 있다면 이 같은 정략은 쓰지 않았을 것이다. 염치와 공정한 마음이 있다면 어떻게 이럴 수 있겠는가.'

아무리 생각해도 억울한 일이었다.

"을미사변 때 미우라가 명성 황후를 시해했으나 일본 정부는 미우라를 아무런 처벌도 하지 않고 석방했다. 그러면 미우라의

죄와 내 죄가 어느 쪽이 무거우며 어느 쪽이 가볍단 말인가. 내가 무슨 죄가 있단 말인가. 내가 무슨 죄가 있어!"

안중근은 분노로 머리가 깨어지고 가슴이 찢어지는 듯했다. 그러다 문득 번개처럼 머리를 스치고 지나가는 생각에 안중근은 손뼉을 치며 크게 웃었다.

"나는 정말 큰 죄인이다. 어질고 약한 한국의 백성인 것이 죄로구나!"

### 의연하고 평화로운 순국

안중근의 재판이 끝난 후, 두 동생은 진남포로 갔다. 어머니에게 안중근의 소식을 전하자 어머니는 담담하게 말했다.

"중근에게 가서 전하거라. 중근은 큰일을 했다. 만인을 죽인 원수를 갚고 의를 세웠으니 무슨 잘못을 저질렀단 말인가. 옳은 일을 하고 받는 형벌이니 목숨을 아끼지 마라. 일본 사람이 너를 살려 줄 까닭이 없으니 비겁하게 항소 같은 것은 하지 말라. 떳떳하게 죽는 것이 어미에 대한 효도다. 구차하게 목숨을 구걸하지 말고 깨끗한 죽음을 택하길 바란다. 이제는 평화스러운 천당에서 만나자."

어머니의 이야기를 전해 들은 안중근은 조용히 기도를 올렸다.

안중근은 변호사가 와서 항소할 것을 권유하자 웃음을 지으며 말했다.

"내가 불공평한 재판에서 사형을 언도받고도 항소권을 포기한 것은 구차하게 목숨을 부지하고 싶지 않아서요. 상급 법관 역시 일본인이니 그 결과가 뻔한 것 아니겠소."

안중근은 항소를 포기했다. 사형 집행일이 3월 26일로 정해졌다. 안중근은 간수들의 도움으로 자서전인 《안응칠 역사》를 다 쓰고, 오랫동안 생각해 온 《동양 평화론》을 쓰기로 했다. 그것을 통해 의거의 목적이 이루어지길 바랐다. 또 동양 평화가 이루어지기를 기원했다. 안중근은 사형 집행일을 한 달 정도 연기해 줄 것을 요청했다. 《동양 평화론》을 완성하기 위해서였다. 히라이시 뤼순 고등 법원장은 "몇 달이라도 특별히 허가하겠으니 걱정하지 말라."고 했다. 그러나 일본은 이를 지키지 않았다. 그가 남기게 될 글의 내용이 두려웠던 것이다. 결국 사형 날짜가 다가와 《동양 평화론》은 서문과 1장 '전감'까지 쓰다 중단되고 말았다.

안중근은 죽음을 앞둔 사람이라고 믿어지지 않을 정도로 의연

 **《동양 평화론》**

서양의 세력이 무력으로 동양을 침투해 오는 것에 대비해, 동양의 세 나라 한국, 일본, 중국은 동양 평화 회의를 구성해 국제적인 분쟁 지역인 뤼순에 본부를 설치하고, 세 나라가 공동으로 은행을 설립하고 공동 화폐를 발행하자는 내용으로 이루어졌다. 안중근 의사는 지금의 유럽 연합과 같은 구상을 이미 백 년 전에 했던 것이다.
1장의 제목인 '전감'은 앞사람이 한 일을 거울 삼아 스스로를 경계한다는 뜻으로, 안중근 의사는 이 책에서 지난 역사를 되새겨 일본 제국주의의 무모함을 경계한다는 뜻으로 썼다.

했다. 일본인들은 그런 안중근을 보고 무척 놀라워하고 심지어 존경했다. 안중근은 재판정에서나 감옥에서 한 번도 자신의 신념을 꺾지 않았다. 한편 재판 과정에서 통역을 맡아 준 소노키의 어머니의 건강을 염려해 줄 정도로 따뜻하고 인간적이었다. 감옥의 간수인 아오키와 다나카와는 형제처럼 지내기도 했다.

 죽음도 두려워 않는 높은 정신에 법원과 감옥에 근무하는 일본인들은 안중근과 함께 있었다는 것만으로도 영광스럽게 생각할 정도였다. 그들은 안중근이 붓글씨를 매우 잘 쓴다는 것을 알고는 비단과 종이 수백 장을 감방 안으로 사 넣으며 글이라도 써 달라고 부탁했다. 안중근은 한 번도 마다하지 않고 글을 써서 그들에게 주었다.

**유언을 남기는 안중근** 정근, 공근 두 동생과 홍석구 신부에게 유언을 남기는 안중근의 모습.

3월 8일 홍석구 신부가 안중근을 만나기 위해 뤼순에 왔다. 안중근에게 세례를 주었던 홍 신부가 안중근에게 성사를 주기 위해 뮈텔 주교의 반대를 무릅쓰고 안중근을 찾아온 것이다.

이틀 후, 홍 신부는 안중근의 두 동생과 함께 다시 안중근을 찾아왔다. 한국으로 돌아가기 전에 작별 인사를 하기 위해서였다.

"인자하신 천주께서 너를 버리지 않을 것이다. 반드시 거두어 주실 것이니 안심하고 있어라."

홍 신부의 말이 끝나자 안중근은 두 동생에게 '동포에게 고함'과 '최후의 유언'이라는 글을 남겼다.

안중근 유언비

"내가 죽은 뒤에 나의 뼈를 하얼빈 공원 곁에 묻어 두었다가 우리 국권이 회복되거든 조국으로 옮겨 장사 지내 다오. 나는 천국에 가서도 마땅히 우리나라의 독립을 위해 힘쓸 것이다. 너희들은 돌아가서 동포들에게 모두 국민 된 의무를 다하고 힘을 합하여 독립을 이루어 달라고 전해 다오. 대한 독립 소리가 천국에 들려오면 나는 마땅히 춤을 추고 만세를 부를 것이다."

3월 25일, 사형을 하루 앞두고 안중근은 마지막으로 두 동생을 만났다. 안중근은 침착하고 경건한 자세로 먼저 무릎을 꿇었다.

"천주여, 나를 불쌍히 여기소서. 이 몸을 돕는 분이신 주여, 이 우리의 슬픈 울음을 춤으로 바꾸소서. 내 천주여, 영원히 당신을 찬미하오리다. 아멘."

**남겨진 안중근의 가족들**

안중근 의사가 순국한 후, 어머니 조마리아 여사는 온 가족을 이끌고 블라디보스토크로 갔다. 안 의사의 가족은 일제의 감시와 탄압 속에서 평범한 삶을 살 수 없었다. 그곳에서 삶은 가난과 고통의 연속이었다. 안 의사의 큰아들 분도는 일제 밀정에게 독살당하는 비극을 맞이했다. 그런 상황에서도 안중근의 어머니는 두 손자 분도와 준생, 두 아들인 정근과 공근 일가를 모두 독립운동을 하도록 교육하였다. 그 결과 안중근의 집안에서 독립운동과 해방 후 통일 운동을 한 사람이 40여 명이나 되었다.

안중근의 동생인 정근은 상하이 임시 정부의 주요 연락 업무와 재정 업무를 맡아 임시 정부의 핵심으로 활동했다. 그의 딸 미생은 김구의 비서로 일하면서 독립운동을 하다가 김구의 큰아들 김인과 결혼했다. 안중근의 셋째 동생 공근도 임시 정부에서 김구의 가장 가까이에서 김구와 함께 활동했다. 안 의사의 사촌인 안경근은 상하이와 난징에서 군관이 될 생도를 모집하고 훈련시켰다.

공근의 아들 우생도 임시 정부 때부터 김구의 참모로 일했다. 김구의 귀국과 함께 남한으로 온 우생은 김일성과 김구의 회담 때 김구를 수행해 북한에도 다녀왔다.

그러나 김구가 암살당하자 실의에 빠져 남한을 떠나 홍콩으로 가서 잠적했다. 우생은 1991년 북한에서 생을 마쳤다.

안중근 가문의 후손들은 해방 이후 해외로, 북으로 흩어져 남한에서 활동하는 후손은 많지 않다. 안중근 의사의 장남 분도는 일찍이 일제 밀정에 의해 죽었고, 차남 준생은 1951년 한국 전쟁 중에 사망했다. 준생의 아들 웅호는 의사가 되어 미국에 살고 있고, 딸 선호와 연호도 미국에 머물고 있는 것으로 알려져 있다.

조카 춘생은 해방 이후 국방국 차관보를 거쳐 광복회 회장, 독립 기념관장 등을 역임했다.

기도를 마친 안중근은 두 동생과 손을 마주 잡았다. 삼 형제는 뜨거운 눈물을 흘렸다. 안중근은 전날부터 쓴 여섯 통의 편지를 동생들에게 전해 주었다. 그리고 어머니가 보내 준 하얀 명주 한복을 받았다.

1910년 3월 26일, 새벽부터 비가 부슬부슬 내렸다. 안중근은 어머니가 보내 준 한복으로 갈아입고 단정히 앉아 마지막으로 시 한 수를 지었다.

장부가 비록 죽을지라도 마음은 쇠와 같고
의사는 위태로움에 처할지라도 기운이 구름과 같다.

시를 짓고 나자 간수 치바 토시치가 집행 시간을 알려 주었다. 안중근은 그에게 말했다.

"당신이 써 달라던 글을 지금 써 주겠소."

치바는 깜짝 놀랐다. 며칠 전 안중근에게 글을 써 달라고 부탁했는데, 그때 안중근은 지금은 쓰고 싶지 않다고 거절하면서 사형을 당하는 날 써 주겠다고 했던 것이다. 당시 치바는 그 말을 믿을 수 없었다. 사형을 당하는 사람이 어찌 글을 써서 주겠는가. 그러나 안중근은 그 약속을 잊지 않은 것이다. 치바는 얼

른 붓과 벼루를 준비했다.

**위국헌신 군인본분**

(爲國獻身 軍人本分, 나라를 위해 몸을 바치는 것은 군인의 본분이다.)

글을 쓰고 나서 안중근은 손바닥에 먹을 묻혀 도장을 찍었다. 그리고 치바에게 전해 주었다. 치바는 머리를 숙였다.

"시간이 되었지요?"

안중근이 치바에게 태연히 물었다. 치바는 고개를 끄덕이며 나지막이 말했다.

"안녕히 가십시오. 언젠가는 당신 곁에 나도 갈 것입니다. 당신의 마음이 많은 일본인에게 알려질 날이 올 것입니다."

안중근은 감옥 문을 나서 흔들림 없는 발걸음으로 형장으로 향했다. 오전 10시 15분, 안중근은 마침내 교수대에서 장렬하게 순국하였다.

안중근은 죄수들을 묻는 뤼순의 감옥 묘지에 묻혔다.

# 펼쳐라! 생각그물

**역사 박사 첫걸음**    개화기, 격동의 한반도

**역사 지식 꼼꼼 보기**    갑오개혁과 근대화

**역사 발자취 따라가기**    안중근 의사 기념관

**역사 지식 돋보기**    독립을 위해 몸 바친 사람들

**속닥속닥 천기누설**    안중근에 얽힌 이야기

# 개화기, 격동의 한반도

## 문을 열 것인가, 말 것인가

조선 말기, 오랜 세도 정치 끝에 고종의 아버지인 흥선 대원군이 집권했다. 부패한 관리들 때문에 백성의 삶은 피폐해질 대로 피폐해졌지만 조정 관리들은 여전히 권력 다툼에 빠져 있었다. 특히 고종의 비인 민씨와 대원군은 첨예하게 대립하면서 서로 권력을 잡기 위해 다투고 있었다.

그런 가운데 조선은 새로운 문제에 직면했다. 서구 열강들은 호시탐탐 조선을 노리고 있었다. 미국, 영국, 프랑스, 독일, 러시아 등이 무력 함대를 이끌고 와 통상을 요구하고, 서양 문물이 들어오면서 전통 사회의 기반이 흔들리기 시작했다.

그러자 나라 안은 개화를 하자는 개화파와 침략을 해 온 서양 오랑캐들과는 교류할 수 없다는 위정척사파로 나뉘었다.

개화파는 조선 유교 질서의 모순을 발견한 젊은 지식층이 중심이 되었다. 그들은 중국이 근대화를 이루고 빠르게 변해 가는 것을 경험하고 온 터라 개화를 하여 근대화를 이루어야 한다고 생각한 것이다.

위정척사파는 서구 열강이 침입해 오고, 나라 기강이 문란해지고, 민심이 동요되는 등 나라는 점점 위기에 빠지고 있는 이때 유교와 동양 문물 등 바른 가치관은 지키고, 천주교 및 서양 문물을 물리쳐 나라를 지켜야 한다고 주장했다.

## 일본과 서구 열강의 침탈에 흔들리는 나라

그러는 사이, 일본의 교묘한 술책으로 조선은 강압적으로 일본과 강화도 조약을 맺는다. 강화도 조약을 맺은 후, 조선은 본격적인 개화의 물결을 탄다. 서구 열강과 차례로 통상조약을 맺은 뒤 서구 문물이 물밀듯이 쏟아져 들어오기 시작했다. 조선의 질서를 유지했던 봉건 사회는 해체의 위기에 직면했다. 1884년 일부 개화파들의 개혁 운동인 갑신정변이 발생했고, 1894년 농민들이 외세를 몰아내고 봉건주의를 타파하기 위해 투쟁한 동학 농민 운동이 일어났다.

이후 서구 열강의 간섭과 침탈은 점점 더 거세어졌다. 특히 청일 전쟁, 러일 전쟁 등에서 승리하여 기세등등해진 일본은 우리나라의 정치, 경제, 사회적 침탈을 노골적으로 하기 시작했다.

## 위기의식 속에서 싹트는 민족의식

외세의 침략이 거세지자 우리 민족은 위기의식을 느끼지 않을 수 없었다. 개화파와 위정척사파는 정치적으로는 서로 대립하는 입장이었지만 외세의 침략을 막아야 한다는 데는 같은 입장이었다.

이들은 먼저 민중들을 계몽해야 한다고 생각해 '애국 계몽 운동'을 전개했다. 지식층은 새로운 형태의 개화 자강운동(교육과 산업을 일으켜 실력을 양성하여 국권을 회복해야 한다는 운동), 즉 언론, 교육 및 국학 연구 등을 펼쳐 나갔다. 특히 서재필, 이상재, 윤치호 등이 만든 '독립 협회'는 국권을 상실

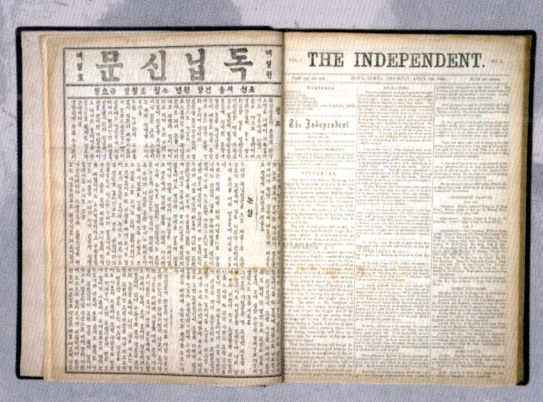

**독립신문 창간호** 서재필은 정부의 재정 지원으로 《독립신문》을 창간하고 같은 해 독립 협회를 창설하였다. 이 신문은 한국 사회의 발전과 민중의 계몽을 위하여 큰 역할을 했다.

한 것은 민중이 우매하기 때문이라고 보고 계몽 운동을 통해 실력 양성을 목표로 활발한 활동을 전개하였다.

다른 한편에서는 점점 더 조선을 수탈해 오는 일제에 항거해 의병 운동이 펼쳐졌다. 명성 황후 시해 사건과 단발령을 계기로 일어났던 을미 의병(1895), 을사늑약을 계기로 일어났던 을사 의병(1905), 고종의 강제 퇴위와 군대 해산을 계기로 일어난 정미 의병(1907)이 그것이다.

## 개화기 주요 연대표 (강화도 조약에서 한일 합방까지)

|  |  |
|---|---|
| 1876년 | 강화도 조약 |
| 1882년 | 임오군란 |
| 1884년 | 우정국 설치, 갑신정변 |
| 1894년 | 동학 농민 운동, 갑오개혁 |
| 1895년 | 을미사변 |
| 1896년 | 독립 협회 설립, 아관 파천 |
| 1897년 | 대한 제국 성립 |
| 1898년 | 만민 공동회 개최 |
| 1902년 | 서울~인천 간 전화 개통 |
| 1904년 | 한일 의정서 조인, 경부선 준공 |
| 1905년 | 을사늑약 |
| 1906년 | 경의선 개통 |
| 1907년 | 국채 보상 운동, 헤이그 특사 파견, 고종 퇴위 |
| 1909년 | 안중근, 이토 히로부미 사살 |
| 1910년 | 국권 피탈(일본의 한국 강점) |

역사지식 꼼꼼 보기

# 갑오개혁과 근대화

## 갑오개혁이란 무엇인가

1894년 한반도는 꼬리에 꼬리를 무는 큰 사건들로 격랑이 일고 있었다. 3월에 전라도 고부 군수 조병갑의 횡포와 착취에서 비롯된 동학 농민 운동은 청일 전쟁을 불러왔고, 청일 전쟁에서 이긴 일본이 친일 내각을 앞세워 내정 개혁을 강요해 개혁을 하게 되는데, 그것이 갑오개혁이다. 갑오개혁은 총 세 번에 걸쳐 실시되었다.

동학 농민 운동이 끝나고 조선은 갑오개혁을 실시하였는데, 정치, 경제, 사회 신분 제도 면에서 많은 변화가 있었다. 과거제를 없애고 신분 차별 없이 관리를 뽑고, 나라의 공식 문서에 한글을 사용했다. 서울에 소학교, 중학교, 사범 학교, 외국어 학교를 세우고, 각 지방에도 소학교를 세웠다. 근대식 화폐 제도를 채택하고, 도량형을 통일했다. 또한 양반과 상민의 신분 차별을 없애고, 조혼(어린나이에 결혼하는 것)을 금지, 과부의 재혼을 허용하기도 했다. 이는 많은 부분이 일본의 지원으로 추진되

김홍집(1842~1896) 조선의 총리대신으로 갑오개혁을 주도하였다.

어 전반적으로 타율적인 개혁이었다. 그러나 갑오개혁을 추진한 개화파 관료들은 일찍이 외교 사절단이나 유학생으로 세계 정세를 익힌 사람들이었다. 그들은 일본과 청나라의 개혁 등을 살핀 후 조선에 필요한 개혁을 실시했다. 그런 점에서 갑오개혁은 자율적인 면도 많았다. 갑오개혁의 정신은 독립 협회 운동과 계몽 운동으로 이어져 한국의 근대화에 기여하였다.

## 물밀듯이 밀려오는 서구 문물

갑오개혁 이후 서구 문물은 물밀듯이 쏟아져 들어왔다. 한때 박해를 받았던 천주교가 급속히 전파되고, 의식주 생활에 서구의 양식이 도입되었다.

개화기 이전에는 신분에 따라 옷을 구별했는데, 그것이 폐지되었다. 한복 대신 양복을 입는 사람들이 늘어났고, 버선 대신 양말을 신기 시작했다. 상투를 자르고 머리를 짧게 했으며, 여자들도 머리를 짧게 하기 시작했다. 상류 사회에서는 갓 대신 모자를 썼다.

식생활에도 변화가 생겼다. 일반 농민들에게는 큰 변화가 없었지만 상류층에서는 서양의 식생활에 따라 우유 제품, 커피, 케이크, 설탕, 양과자 등이 널리 퍼졌고, 다방도 생겨났다.

조선 시대에는 집도 신분에 따라 평수 제한이 있었다. 그러나 이런 제도가 없어졌고, 한옥과 서양식을 절충한 가옥도 나타났으며, 서양식 및 일본식 집들이 들어서게 되었다.

벽돌로 짓는 집도 늘어났고, 명동 성당 등과 같이 지붕 끝이 뾰족한 건물도 지었다.

우리나라 최초의 호텔인 '손탁 호텔'이 들어섰다. 덕수궁의 석조전은 우리나라에서 가장 오래된 서양식 건물이다.

신작로가 생겨나 자동차가 다니고, 철도와 전차가 다니게 되었다. 우정국(오늘날의 우체국)이 설치되었고 전화기가 1889년 경운궁(덕수궁의 옛 이름) 안에 가설되기도 했다.

역사 발자취 따라가기

# 안중근 의사 기념관

**살아 숨 쉬는 세계 평화의 혼,
서울 남산 중턱에 자리 잡은 안중근 의사 기념관**

서울 도심 한가운데 서 있는 남산은 서울의 상징적인 산이다. 1910년 고종에 의해 한양 공원으로 조성된 뒤, 서울에서 가장 넓은 공원으로 지금까지 이어지고 있다. 수많은 종류의 나무들이 철마다 절경을 이루고 있고, 수목원, 도서관, 각종 기념관 등이 자리 잡고 있다.

안중근 의사 기념관

기념관 내부

안중근 의사 기념관은 남산 꼭대기에 조성된 분수대 광장에 있는데, 1970년 세워져 사단 법인 안중근 의사 숭모회에서 운영하고 있다.

한옥 단층으로 지어진 기념관 오른쪽에는 안중근 의사의 동상이 위풍당당하게 서 있고, 앞쪽으로는 안 의사의 유언, 책 《동양 평화론》의 내용, 글씨 등을 새긴 돌을 세워 작은 공원처럼 만들어 놓았다. 수십 년 묵은 나무들 사이에 서 있는 돌에 새겨진 글들은 영원히 간직하라는 의미처럼 아주 단단하고 견고해 보인다.

## 깊은 뜻 간직한 유묵, 사진 전시

기념관 안에는 안중근 의사가 뤼순의 일본 감옥에 갇힌 이후 1910년 3월 26일까지 옥중에서 쓴 유묵(생전에 남긴 글씨나 그림)과 자서전 등 수십 점의 유품이 전시되어 있다.

안중근 의사의 유묵은 감옥 생활을 하는 데 잘 대해 준 일본인 교도관들과 지인들에게 써 준 것들로, 약 2백여 점 정도 되는 것으로 추측되는데, 현재 발견된 것은 40여

점이다. 뜻깊은 의미와 교훈을 힘찬 서체로 써낸 안 의사의 유묵은 많은 사람들에게 감동을 준다.

그 밖에 안중근 의사 초상화와 사진, 건국 공로 훈장과 편지, 공판 당시 신문 보도 내용, 유명 인사 휘호 등이 전시되어 있다. 안 의사 일대기, 하얼빈 의거, 재판 과정 등을 영상으로 볼 수 있고, 옥중 생활도 모형으로 꾸며 놓아 안중근 의사의 생애와 위업을 생생하게 볼 수 있다.

안중근 어록비

또한 기념관 내부에는 사단 법인 안중근 의사 숭모회 사무실이 있는데, 친절하게 안내도 해 주고 안중근 의사에 관한 책도 판매한다. 안중근 의사 숭모회에서는 매년 기념식과 학술회, 애국 순례, 서예 백일장 등의 행사를 개최한다. 개관은 오전 9시부터 오후 6시(겨울철에는 오후 5시)까지이며, 매주 월요일은 쉰다.

현재 있는 기념관은 철거되고 현대식 건물로 다시 지어질 예정이다.

## 하얼빈에도 기념관 세워

안중근 의사는 한국에서뿐만 아니라 중국에서도 많은 추앙을 받고 있다. 특히 하얼빈의 학자들은 안중근 연구를 하여 신문이나 간행물, 논문집 등에 많은 논문을 발표하고 있다. 이토 히로부미에게 총격을 가했던 하얼빈 시 조선 민족 예술관 1층에는 2006년 7월 안중근 기념관이 세워졌다. 기념관에는 안 의사가 살았던 청계동 사진을 비롯해 어릴 적 사진은 물론이고, 유묵 등 3백여 점의 유물이 전시되고 있다.

역사 지식 돋보기

# 독립을 위해 몸 바친 사람들

시대마다 나라가 어려울 때면 자신의 이익을 위해서만 사는 사람이 있고, 나라를 위해 목숨까지 바치는 사람들이 있었다. 대한 제국 말엽, 일본에 국권이 침탈되고 점점 식민지화되어 가자, 그때를 이용해 일본의 앞잡이가 되어 사리사욕을 채운 을사오적과 같은 사람들이 있었던 반면, 안중근과 같이 나라를 되찾기 위해 목숨을 건 사람들이 있었다. 나라가 위기에 처했을 때마다 나라를 위해 목숨을 바친 사람들이 있었기에 오늘의 우리가 있다.

## 의병, 의병장

의병은 나라가 외적의 침입으로 위급할 때 스스로 일어나 외적에 대항하여 싸우는 백성들로 구성된 군대를 말한다. 일본이 단계별로 우리나라를 침탈해 오자 의병은 그때마다 봉기해 크게 저항했다.

조선 말 최초의 대규모 항일 의병은 명성 황후 시해 사건과 단발령이 원인이 되어 일어났다. 그 후, 을사늑약과 정미칠조약으로 국권이 침탈되자 전국에서 의병이 일어났다.

대표적인 의병장으로는 항일 운동의 정신적 지도자인 최익현과 최초 평민 출신 의병장인 신돌석, 제천 지방에서 의병을 이끌다 만주로 가 13도 창의군을 결성해 의병 활동을 계속했던 유인석 등이 있다.

**신돌석 의병 전투 기록화** 신돌석은 19세의 젊은 나이로 1896년 3월 13일 영해에서 의병을 일으켰다.

## 독립 단체, 독립운동가

 의병들이 목숨을 아끼지 않고 활약했지만, 우리나라는 일제의 식민지가 되고 말았다. 국내에서 활동하기 어려워진 의병들은 중국이나 러시아 등지로 떠나 독립운동을 했고, 국내에서도 독립운동 단체들이 생겨났다.

 1912년 의병 활동을 하던 임병찬이 고종의 밀조를 받고 독립 의군부를 조직해 전국적으로 확대해 나갔다.

 1915년 7월 대구에서 조직된 독립운동 단체인 대한 광복회는 의병에 몸 바쳐 온 박상진, 채기중, 이석대 등이 군자금을 모아 무기를 구입하고 독립군을 양성하여 공화주의 독립 국가 건설을 목표로 창립하였다.

 여성들도 나라를 되찾는 데 결코 빠질 수 없었다. 1913년 평양 숭의 여학교 교사와 학생이 중심이 되어 조직된 항일 구국 비밀 여성 단체인 송죽회의 활약이 그것이다. '송죽 결사대'라고도 불리는 송죽회는 교사 김경희, 황에스터와 졸업생 안정석이 재학생 20여 명을 선발하여 항일 독립군의 자금 지원, 망명 지사의 가족 돕기 및 회원의 실력 향상을 목표로 결성하였다. 이들의 활동은 국내뿐만 아니라 미국, 일본 등 국외까지 확산되어 많은 여성 지도자가 육성되었다.

1919년 3·1 독립 만세 운동 이후, 만주서 조직된 의열단은 단장인 김원봉의 명령을 받아 백성을 괴롭히는 일본 관리를 암살하거나 일본 관청을 폭파하는 등 활약을 펼쳤다.

1931년 조직된 한인 애국단은 대한민국 임시 정부의 국무령(임시 정부의 최고 지도자) 김구가 한국과 중국의 우의를 다지고 일본 수뇌를 암살하기 위해 조직했다. 한 사람을 죽여서 만 사람을 살리려는 방법으로 활동하였는데, 이봉창의 일본 천황 폭탄 투척 사건, 윤봉길의 상하이 훙커우 공원 폭탄 투척 사건 등이 대표적 업적이다.

만주에서 조직되었던 대표적인 항일 독립운동 단체인 정의부는 1925년 군사 행동을 주목적으로 조직되었다. 교육 기관을 설치하여 혁명 간부를 육성하기도 하였다. 1920년대 말 참의부, 신민부와 함께 국민부와 혁신 의회로 통합되었다.

1911년 만주 길림성에서 조직된 중광단은 대종교 교도인 서일, 채오, 계화, 양현 등이 국외로 탈출하는 의병들을 규합해서 만든 단체이다. 길림성에 본부를 두고 의병과 무관 학교 출신의 유능한 군사 간부를 규합했다. 만주 지방에서 처음으로 무장 독립 운동을 시작했다. 나중에 군사 활동이 여의치 못하게 되자 청년 지사들의 정신 교육과 계몽 사업을 하였다. 1918년 말 3·1절 독립선언에 앞서 유동열, 김좌진, 서일 등 39명의 서명으로 독립 선언서를 발표하였다. 1919년에 일어났던 3·1 운동 후에 대한 정의단으로 개편, 군사 활동을 하다가 김좌진을 맞아 1919년 8월 군정부로, 다시 북로 군정서로 그 맥을 이어갔다.

1919년 3·1 운동 직후에 최시흥, 최지풍 등 한말의 군인들이 조직한 천마산대는 평북 천마산에 본거지를 두었다. 대장은 최시흥이고 단원은 5백여 명에 이르렀다. 화승총과 일본 경찰에게서 빼앗은 총검 등으로 무장하고 일제 행정 기관 수십 곳을 공격했고, 경찰과 밀정들을 사살하는 등 눈부신 활약을 펼쳤다. 1920년 일본 경찰대의 공격을 피하여 만주로 건너가 광복군 사령부에 흡수되었다.

## 새로운 방향의 독립운동

무장하고 싸운 독립군이 있다면 문화적인 힘으로 독립운동을 펼친 경우도 있었다.

1927년 국내의 독립운동 단체를 통합하여 조직된 신간회는 국가의 힘을 기르는 데 목적을 두었다. 일제와의 타협에 반대하고 우리말 교육 실시를 주장하였으며 학생들의 독립운동을 지원하였다.

문맹 퇴치 운동과 물산 장려 운동도 독립운동의 새로운 방법이었다. 일제의 식민지 정책으로 우리말을 제대로 읽고 쓰지 못하는 사람이 늘어나자, 신문사를 중심으로 한글이 보급되고 문맹 퇴치 운동이 벌어졌다. 물산 장려회가 중심이 되어 펼친 물산 장려 운동은 일본에 빼앗긴 경제권을 회복하려는 운동이었으나, 일제의 탄압으로 중단되었다.

한글을 연구한 조선어 학회에서는 〈한글〉이란 잡지를 발행하고, 우리말 《큰사전》 편찬 사업을 추진하다가 일제의 탄압으로 해체되었다. 광복한 후 한글 학회로 이름이 바뀌었다.

# 안중근에 얽힌 이야기

## 북두칠성의 정기를 받고 태어난 아이

안중근 의사의 어릴 적 이름은 응칠이다. 북두칠성의 기운을 받고 태어난 아이라는 뜻에서 지은 이름이다. 그런 만큼 할아버지나 부모님의 기대도 컸다. 안중근의 어머니 조씨가 안중근을 가졌을 때 꿈에 북두칠성의 일곱 개 별이 떨어졌는데, 그중 가장 큰 별을 치마로 감싸 안았다고 한다. 그런데 안중근이 가슴과 배에 걸쳐 일곱 개의 점을 가지고 태어났으니 아이가 마냥 평범하지는 않게 여겨졌던 것 같다.

안중근 아버지가 꾼 꿈도 전해지는데, 커다란 호랑이가 안방에 턱 하니 앉아 있어, 아버지가 조심스레 문을 여니 큰절을 하고 슬그머니 밖으로 나갔다고 한다.

안중근의 아버지나 어머니의 꿈 이야기가 사실인지는 확인할 수 없지만, 이 이야기가 전해 오는 것은 그가 나라를 위해 목숨을 바친 큰 인물이 되었기 때문이다. 만일 안중근이 평범한 사람이었다면, 더 좋은 태몽이라도 우리에게 전해졌을까?

## 올바른 삶에 대해 가르쳐 주는 안중근의 글씨들

안중근은 자서전에서 어릴 때 공부는 하지 않고 산으로 들로 말을 타고 사냥을 하러 다녔다고 한다. 그래서 종종 부모님과 선생님의 걱정을 들었다고 한다.

그러나 과연 안중근은 공부를 하지 않았을까? 그렇지 않다. 안중근이 자서전에서 공부를 하지 않았다고 쓴 것은 겸손처럼 보인다. 안중근은 아버지처럼 선동이라는 소리를 들을 만큼 공부를 잘하지는 못했어도 많은 책을 읽고 공부를 했다.

이를 증명하는 것 중에 그가 남긴 아주 유명한 글이 있다. 일일불독서 구중생형극(一日不讀書 口中生荊棘)이 그것이다. "하루라도 책을 읽지 않으면 입안에 가시가 돋는다."는 뜻인데, 뤼순 감옥에서 쓴 것으로 보물 제569-2호로 지정되었다.

서체에 힘이 있고 정직함이 드러나 있을뿐더러 글이 담고 있는 뜻이 매우 교훈적이라 안중근의 글을 받고 싶어 하는 사람들이 많았는데, 또 다른 유묵을 보면 안중근의 얼마나 깊은 정신을 가졌는지 알 수 있다.

사군천리 망안욕천 이표촌성 행물부정(思君千理 望眼欲穿 以表寸誠 幸勿負情)은 "나라를 걱정하며 천리 밖에 나와 당신을 향해 바라보니 눈이 뚫어질 것 같으오. 나의 이 작은 정성을 바치오니 행여나 이 정을 버리지 마소서."라는 뜻이다.

조국의 슬픈 운명을 생각하면서 조국과 민족을 위해 몸 바칠 각오가 되어 있음을 보여 주는 글로, 여인이 지아비를 사모하는 마음에다 조국에 대한 간절한 사랑을 비유하여 표현한 것이다. 보물 제569-11호로 지정되었다.

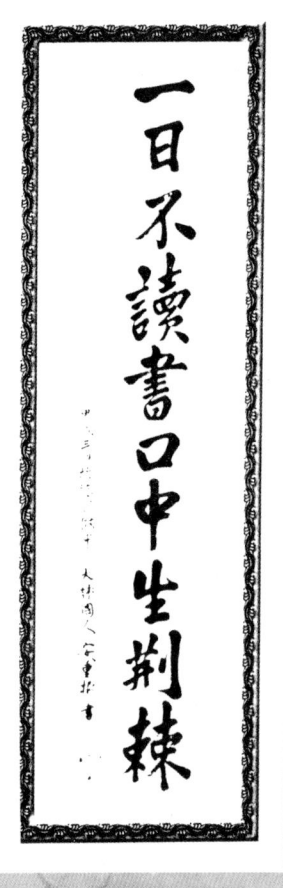

안중근 유묵

**도움받은 책**

《안중근 전기 전집》, **윤병석 역편**, 국가보훈처, 1999.
《안중근 의사 자서전》, **안중근**, 범우사, 2000.
《안중근이 이토 히로부미를 쏘다》, **리정걸·홍만호**, 민족출판사, 2008.
《안중근과 평화》, **박노연**, 을지출판공사, 2000.
《안중근과 할빈》, **김우중**, 흑룡강조선민족출판사, 2005.
《대한국인 안중근 자료집》, **김도형**, 선인, 2008.
《대한의 영웅 안중근 의사》, **안중근의사숭모회**, 안중근의사숭모회, 2008.
《안중근 평전》, **김삼웅**, 시대의창, 2009.


**사진 제공**

독립기념관
동국대학교 박물관
열린서당